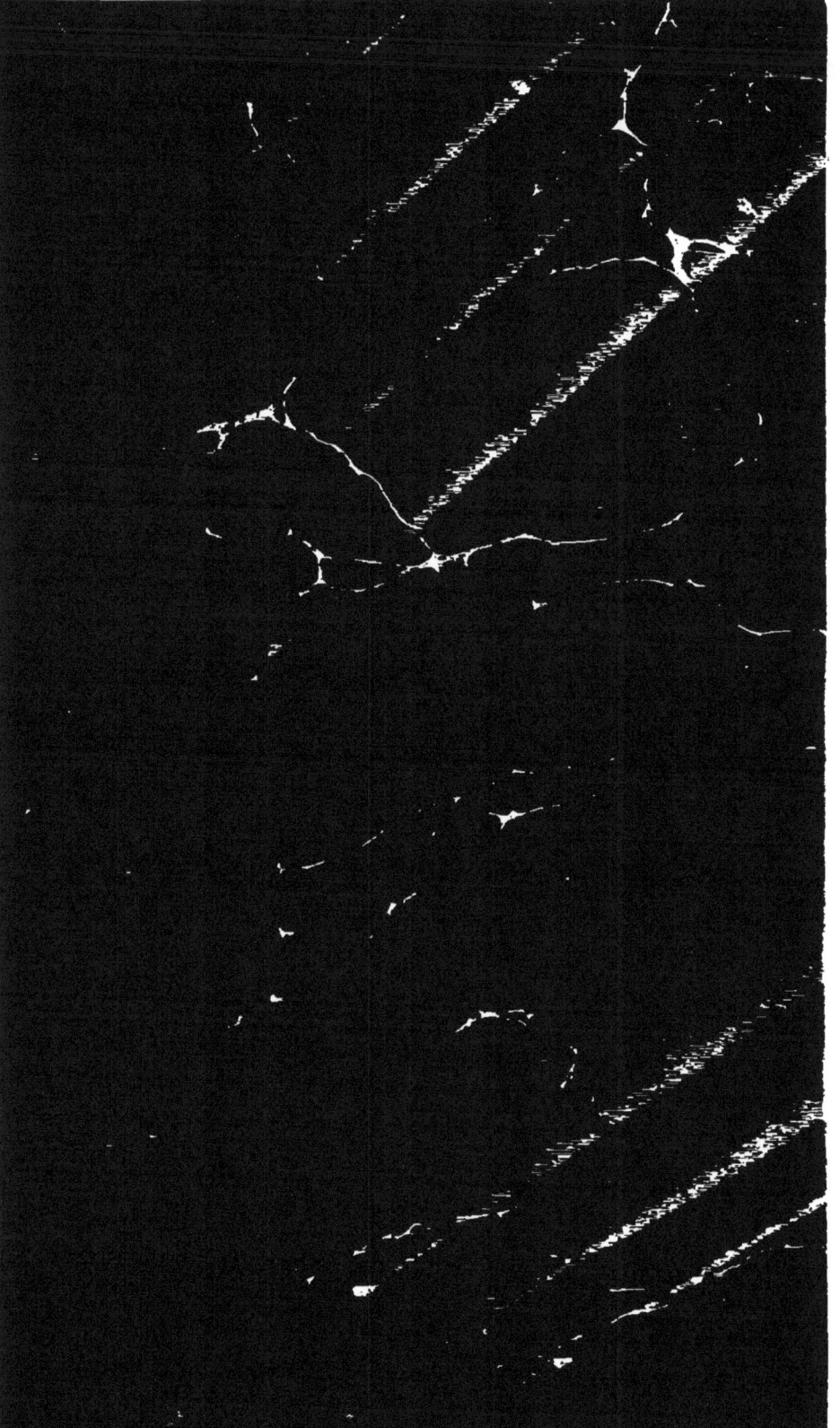

MANUEL

DE

L'HOMME ET DE LA FEMME

COMME IL FAUT

PARIS. — IMP. SIMON RAÇON ET COMP., RUE D'ERFURTH, 1.

MANUEL

DE

L'HOMME ET DE LA FEMME

COMME IL FAUT

PAR

M. LE VICOMTE DE MARENNES

> L'élégance, la conversation et le savoir-vivre sont les trois vertus théologales des gens du monde.

PARIS
LIBRAIRIE NOUVELLE
BOULEVARD DES ITALIENS, 15, EN FACE DE LA MAISON DORÉE
L'auteur et les éditeurs se réservent tous droits de reproduction.
1855

CHAPITRE PREMIER

DE L'ÉLÉGANCE

Élégance native. — Il existe plusieurs genres d'élégance. — L'amour agit sur l'élégance. — L'élégance ne peut être imitée, elle est dans les manières. — On est élégant par soi-même. — De la part qu'à le cœur dans l'élégance, etc.

Les hommes ne sont pas égaux, les femmes sont encore moins égales. Si les hommes étaient égaux, ils seraient également bons à tout : si les femmes étaient toutes égales, elles auraient toutes l'éternelle jeunesse de Ninon, la voix de mademoiselle Mars, les épaules de la Grisi, l'esprit de madame de Girardin; elles sont loin d'offrir cette uniformité phalanstérienne.

Cela n'étant pas, nous croyons qu'il y a des femmes faites pour aller au marché, d'autres pour aller aux champs, d'autres pour n'aller nulle part.

Ce qui console de cette irrégularité, si on a besoin d'en être consolé, c'est de voir souvent, très-souvent, celle qui était née pour être grande dame par sa beauté, ses grâces charmantes, son esprit naturel, coudre ou ravauder ; tandis que celle qui va à la cour, traînée par quatre chevaux, aurait divinement été à sa place auprès d'un établi.

De même qu'on naît jolie femme, on naît élégante ; mais sans beauté de corps ou de visage, l'élégance est de la métaphysique transcendante.

Cependant une femme élégante peut plutôt se passer d'être belle, qu'une femme belle, pour l'être complétement, peut se passer d'élégance.

Dire qu'il est des beautés naturelles en Italie, en Espagne, dans le nouveau monde, à qui l'élégance n'a jamais été connue, c'est tout simplement se tromper sur la définition du mot *élégance*.

La femme qui revient du fleuve avec les deux mains sur les hanches, une cruche de grès sur la tête, une fleur à la bouche, a une élégance dont on n'imiterait ni le charme ni l'originalité.

Ceci mène droit à dire qu'il y a plusieurs genres d'élégance, mais tous pourtant issus de la même famille.

Si l'élégance anglaise n'est pas l'élégance française, si l'une et l'autre ne sont pas l'élégance espagnole, les différences appartiennent aux manières ; et c'est dans les manières que réside l'élégance, comme c'est l'exposition, l'angle du soleil, qui font le bon fruit, quoique le bon et le mauvais soient tous deux de la même forme et appelés du même nom.

L'élégance est donc dans les manières : dans la manière de lancer un javelot si l'on est de Lacédémone, de fumer une cigarite si l'on est de Buénos-Ayres, et dans la manière de jouer avec l'éventail si l'on habite le premier arrondissement de Paris, la rue de Tolède à Naples, ou le West-End à Londres.

J'ai dit que toutes les élégances se tenaient et appartenaient à la même famille, mais il serait erroné d'en conclure qu'une élégance les comprend toutes.

La femme ravissante d'élégance en peignoir, le matin à dix heures, chez elle, arrosant ses fleurs ou dépliant son journal de modes, n'est plus la même à dix heures, guindée dans son corset, dont elle n'a jamais su dominer la tyrannie, ou le soir, aux Champs-Élysées, régnant sur trois chaises.

L'élégance qui s'est maintenue fraîche à trois heures après minuit, après vingt contredanses et dix valses, relève d'un autre ordre d'élégance que celle dont la robe est froissée avant même le premier coup de minuit.

La véritable élégante de nuit rentre chez elle

aussi exactement parée qu'elle est sortie de son boudoir, n'ayant pas même laissé derrière elle une épingle, un ruban ou son cœur.

Ceci n'est point une antithèse : le cœur a sa part dans l'élégance, car la vanité seule ne fait pas toujours l'élégance.

La femme qui n'aime pas du tout sera difficilement très-élégante; la femme qui aime beaucoup sera encore plus loin de cette perfection.

Un peu d'amour ranime l'élégance, beaucoup la fait négliger; vouloir plaire à tous et être remarqué d'un seul, est un mobile d'élégance; ne chercher à plaire qu'à un seul, c'est s'exposer à n'être remarqué de personne. L'élégance est une biche, l'amour est un lion; l'un mangera l'autre. Y prendre garde!

On n'enseigne pas l'élégance, on l'aime, on la voit, on la comprend d'intuition; on se l'approprie, mais on n'en reçoit pas de leçons.

La raison en est simple.

On est élégant avec le jeu de ses proportions, le mouvement de ses propres forces, grandes ou petites; l'inflexion de sa propre voix, haute ou voilée, la marche de son corps, légère ou grave. Comment transporter à son profit ce qui est le fait, l'application d'un autre? Forcez une Taglioni à se tordre comme Elssler, et Taglioni sera ridicule. Imposez à une Elssler les ondulations délicates et à peine sensibles de Taglioni, et Elssler sera pétrifiée; l'une se cassera, l'autre restera immobile.

Chacun ne peut donc être élégant que par lui-même. D'où l'on conclut que l'élégance tient moins à l'esprit qu'au caractère. Grande vérité qu'il nous reste à démontrer.

CHAPITRE II

DE L'ÉLÉGANCE RELATIVE

L'élégance procède du caractère. — Différence entre la grâce et l'élégance. — Les femmes juges de l'élégance. — L'élégance se distingue par l'unité. — Différence entre le goût et l'élégance, entre l'élégance d'autrefois et l'élégance de nos jours. — De l'élégance absolue et de l'élégance relative. — Communauté d'origine entre les gens élégants. — Les caractères professionnels, etc.

Tout étant homogène dans l'homme, et tout en lui correspondant à une cause interne, l'élégance, qui est la traduction extérieure d'un individu, n'échappe point à cette loi, et sa cause interne, c'est le caractère.

L'esprit n'a point d'action réelle et immédiate sur l'élégance, par la raison que chaque être se résume dans le caractère, et que l'esprit n'en est qu'une partie intégrante.

Le caractère, c'est ce que Dieu nous a faits, c'est

le son qui résulte de l'ensemble des diverses voix qui sont en nous.

Tout ce qu'il s'approprie est à sa taille. Il est précis et juste, parce que son essence est l'unité.

L'esprit est moins sûr, il combine, il s'illusionne, il s'égare. Une femme lit Bernardin de Saint-Pierre, elle voit que « l'*harmonie naît des contrastes*, » et aussitôt elle va chercher dans les heurtements de sa mise l'application de cet aphorisme philosophique. L'esprit commet ici une monstrueuse erreur sur le sens de ces contrastes, et c'est bien le lieu de formuler cette loi de l'élégance, à savoir que : l'*harmonie naît des similaires*.

Sans caractère décidé, point d'élégance.

Un enfant n'est jamais élégant, car rien n'est caractérisé en lui ; il est gracieux.

Et comme le caractère se distingue par l'unité, disons encore que tout ce qui n'est pas simple n'est jamais élégant. Ce n'est pas à dire, toutefois, que les *esprits simples* soient élégants.

Les oiseaux de même plumage se reconnaissent à la première vue.

Les gens élégants se retrouvent entre mille.

Il y a en eux une affinité irrésistible : mêmes goûts, mêmes délicatesses, même langage.

Dans le monde, ils ont pour leurs semblables cette préférence qu'une communauté d'origine éveille chez les hommes qui se rencontrent en pays étrangers.

Les femmes ont un tact inimaginable pour reconnaître un élégant. Elles aiment l'élégance, et cela souvent à leur insu.

Une femme bien élevée n'avoue jamais à son mari qu'il a tort de n'être point élégant; mais pourtant il y a des comparaisons qui la font rêver...

Les personnes qui ont du goût et qui n'ont pas d'élégance sont celles qui n'ont pas un caractère décidé.

Elles nous conseilleront judicieusement sur le choix d'une couleur ou d'une forme, mais elles sont impuissantes à tirer parti pour elles-mêmes de leurs propres idées.

Parmi les gens qui ont le bon goût et ceux qui ont le bon sens, peu ont l'élégance.

Dans la vieille France de qualité, l'élégance était moins rare que de nos jours. On connaît l'élégance traditionnelle des courtisans. La raison de cela, c'est que l'époque avait son caractère. La société se divisait en compartiments, qui avaient leur cachet individuel; nul n'osait sortir des habitudes et des idées qui appartenaient à sa classe. Une classe, c'était un habit dans lequel on ne pouvait entrer, si l'on n'avait la taille, la tournure, l'esprit et le caractère de cet habit.

De là l'élégance relative.

Aujourd'hui la confusion règne encore dans les idées comme dans les choses; il n'y a guère ni classe, ni moule de profession, ni caractère. Aussi qu'avons-nous fait ? Nous avons adopté le *paletot*, qui n'est fait pour personne et qui va mal à tout le monde.

L'élégance est tantôt absolue et tantôt relative.

L'élégance relative était fréquente autrefois; c'était celle, nous venons de le dire, qui appartenait plus aux classes qu'aux individus. Elle a disparu en grande partie avec les caractères professionnels.

Il y avait des notaires élégants, des médecins, des militaires, des avocats élégants. Aujourd'hui on dit : Voilà un homme élégant : l'élégance, ainsi réduite au point de vue absolu, a dû se faire rare, parce qu'elle est d'une réalisation plus difficile.

Il y a, en effet, des conditions générales qui admettent l'élégance et d'autres qui l'excluent. Nous en parlerons tout à l'heure.

Le notaire, autrefois, avait les qualités inhérentes au tabellionat. Il était d'une modestie rigide d'une prudence intelligente. Grâce à la confusion de nos temps modernes, le notaire est devenu un homme de luxe et de mode. Il s'est logé comme un nabab, il chasse, il a des chevaux. Autrefois il gardait les secrets des familles; aujourd'hui il garde leur argent. De cette métamorphose est résultée une détérioration complète du type notaire.

Les médecins formaient une classe que des habitudes caractérisaient fortement, jusqu'à l'exagération. Molière et Lesage l'ont bien prouvé ; ils étaient instruits, vantards, et ne cachaient pas leur science. Le médecin a fait peau neuve, il est beau diseur, — c'est la manie à la mode, — il rédige le feuilleton *Académie des sciences*, il est nouvelliste ; il a détrôné le chirurgien-perruquier, jadis son confrère. C'est Figaro, moins l'ignorance.

Le pharmacien, qui n'est pas apothicaire, est même un peu lettré.

Disons quelques mots de nos gentilshommes-chasseurs d'autrefois, qui possédaient des châteaux, des terres, des meutes, des chevaux, des piqueurs, des valets de limier, et tout l'or qu'il fallait pour payer au centuple les dégâts que leurs équipages occasionnaient sur les terres voisines. Ceux-là avaient des habitudes qui seyaient à leur costume, et un costume assimilé à leurs habitudes ; d'où il résulte que, pour bien porter un habit, il faut l'avoir porté de tout temps : aphorisme de l'élégance.

De nos jours, les terres patrimoniales se sont rapetissées, le gibier est rare. Il faut faire des lois pour le protéger. Les gens qui, par leur position, devraient chasser souvent et entretenir des équipages, n'ont plus d'équipages et ne chassent qu'accidentellement. Le costume de chasse, si élégant jadis, est devenu un véritable déguisement sous lequel la plupart de ceux qui s'en affublent par circonstance paraissent tout à fait grotesques. L'homme, préoccupé de sa veste, de ses guêtres et de son carnier vide, devient gauche et absurde.

Parmi les femmes, l'élégance relative est également annihilée, mais cependant elle ne l'est pas au même degré. La seule négation de l'élégance parmi elles, c'est la femme de lettres. La femme est une créature de spontanéité, elle a d'admirables instincts qui l'éclairent et la guident; ces instincts sont : l'amour, l'amitié, la charité, le dévouement. Abandonnée à la puissance de ces instincts, la femme a toujours un caractère pur et net. Aussi, en matière d'élégance, rien de rigoureusement exclusif pour les femmes; les catégories sont plus élastiques. La femme de lettres, elle, est en dehors de cette loi de spontanéité, elle tient moitié de l'homme, moitié de la femme; c'est un être mixte, un centaure de la civilisation, mais un centaure qui élève mal ses Achilles.

CHAPITRE III

DE L'ÉLÉGANCE ABSOLUE

Conditions de l'élégance absolue. — L'idéal de l'élégance. — La cupidité, la lâcheté, la sottise et l'affectation, sont essentiellement antipathiques à l'élégance. — Impossibilités de l'élégance pour certaines professions. — Un type de l'élégance absolue, etc.

L'élégance relative étant à peu près impossible à notre époque, reste donc l'élégance absolue.

Or l'élégance absolue, ou, si l'on aime mieux, l'idéal de l'élégance, a ses conditions inflexibles, elle exige d'abord, ainsi que nous l'avons dit, de belles proportions :

De la grâce ;
De la souplesse dans les mouvements.
Ensuite, pour le moral :
De la bienveillance ;

De la simplicité ;
De la délicatesse ;
De la magnificence ;
Du courage ;
Du savoir-vivre.

Or, comme toutes ces qualités ne peuvent être possédées à la fois par une seule personne, on a plus ou moins d'élégance, selon qu'on est plus ou moins près de ce type idéal.

Les sentiments moraux se traduisent toujours par les habitudes du corps.

La Rochefoucauld dit qu'il y a un air qui convient à la figure et aux talents de chaque personne.

Lavater a fait de la physionomie humaine une science sérieuse. Il découvre chez l'homme une *mimique* particulière à chaque sentiment.

Les Allemands vont quelquefois plus loin ; beaucoup pensent avec Schiller que l'avare, par exemple, a toujours le regard faux, furtif, et même les doigts crochus.

Cela n'est pas hasardé. Les mauvaises passions, les maladies de l'âme, se révèlent par des accidents inharmoniques de physionomie, de contenance ou de manières. Ces signes extérieurs sont plus ou moins apparents, plus ou moins saisissables ; souvent ils existent sans que les personnes dont elles modifient l'expression physique en aient la conscience.

Il y a donc des dispositions morales essentiellement antipathiques à l'élégance ; de ce nombre :

La cupidité ;

La lâcheté ;

La sottise ;

L'affectation.

Et, comme il est dans le monde des positions où elles jouent un rôle permanent, il en résulte que tout homme qui persiste à garder ces positions ne pourrait, en aucune manière, prétendre à l'élégance. La nature n'a pas donné à cet homme-là un rang supérieur à sa condition sociale.

S'il est vrai que certaines professions ont été modifiées dans leurs traits les plus caractéristiques, d'autres ont une essence invariable.

Se figure-t-on élégant un huissier dans l'action d'appréhender son monde de par le roi, et de faire commandement *dedans vingt-quatre heures, payer au requérant capital et intérêts dus et échus?* Un garde de commerce, qui vit dans la société comme un jaguar dans les bois, sautant au cou du passant quand il s'y attend le moins ?

Ne cherchez jamais ni l'élégance absolue, ni l'élégance relative au fond de ces misères sociales.

Les catégories entr'ouvertes à l'élégance absolue sont :

La banque ;

La bourgeoisie,

La robe;

Les arts;

La bureaucratie.

Mieux encore :

La diplomatie;

La propriété héréditaire;

L'armée;

Les lettres;

Le *riennisme*.

La gentilhommerie est le couronnement des catégories de l'élégance.

Les pauvres gentilshommes, on leur a pris tant de choses, qu'il faut bien se résoudre à leur laisser de leur patrimoine ce qui ne rapporte rien aux prenants!

Ne doivent point prétendre à l'élégance absolue :

L'homme né bouffon;

L'homme troubadour.

Un vieillard à longs cheveux bouclés : troubadour;

Un vieillard qui vante sa force juvénile : troubadour;

Un Panseron du caveau moderne : troubadour. Vous compléterez la série.

Parmi les femmes, ne doivent point y prétendre non plus :

La grande dame née actrice;

La grande dame née portière;
La grande dame soubrette;
La femme major allemand;
La femme bergère.

Mais il est quelque chose dans le monde qui est la réalisation de tout ce que l'élégance a de plus élevé, de plus raffiné, c'est une femme du grand monde, appartenant à l'Angleterre par l'éducation première, à la France par la seconde éducation, ou la science du bon goût.

Ajoutons à ce type par excellence tous les grands seigneurs *nés* grands seigneurs, et les grandes dames nées grandes dames; c'est-à-dire, comme on l'a remarqué avant nous, *accord d'une grande distinction personnelle et d'un haut rang, harmonie d'une double dignité : noblesse de nature et noblesse de condition.*

Beaucoup de gens croient trouver leur modèle d'élégance au théâtre. C'est là une opinion assez répandue pour que nous soyons amené à mettre en parallèle l'élégance de la femme du monde et celle de l'actrice.

CHAPITRE IV

QUELQUES DIVISIONS DANS L'ÉLÉGANCE

Le langage. — Sa classification. — Les manières. — La démarche. — Le costume. — Fausseté de l'axiome : *En France, le ridicule tue.* — Des choses auxquelles le mot élégant est applicable. — Un nouvel aphorisme. — L'élégance dans le monde. — L'élégance du théâtre. — Opinion de Jules Janin sur l'élégance du théâtre, etc.

L'élégance se divise en quatre parties principales, savoir :

Le langage ;

Les manières ;

La démarche ;

Le costume.

Chacune de ces diverses parties se lie avec le caractère : on dit les manières froides, empesées ; la démarche altière, modeste ; on dit le langage affecté, prétentieux.

L'élégance dans le langage consiste dans un choix d'idées.

Parmi les idées, les unes sont fines, élevées, neuves ; d'autres, enfin, vulgaires et triviales, c'est-à-dire qu'elles sont d'or, d'argent, de fer, de plomb ou de cuivre.

Une idée sublime, profonde, est un lingot.

Une idée fine est une pièce d'or ou d'argent.

La phrase toute faite est un gros sou.

Le proverbe, le dicton, sont moins qu'un gros sou.

La conversation élégante est un bazar où les lingots ont rarement cours, et où l'échange des gros sous devrait être laissé aux gueux et aux enfants.

Beaucoup dans le monde croient atteindre à l'élégance du langage et qui ne font que de longs chapelets, dont chaque grain est une banalité, une erreur mensongère, une vulgarité sans application. Exemple :

En France, le ridicule tue tout.

Eh bien, cela est faux. C'est en France précisément, ainsi qu'on l'a déjà fait remarquer, que le ridicule n'a aucun empire. « Il a poursuivi une foule d'hommes de ses traits les plus mordants, et ces hommes sont restés debout, pleins de force. Pendant trente ans, on a tourné M. de Chateaubriand en ridicule ; jamais style ne fut plus parodié, critiqué que le sien ; et cependant, quand Chateaubriand, vers la fin de sa carrière, passait dans la rue et qu'il était reconnu, les jeunes gens le portaient en triomphe et le proclamaient le génie de l'époque. »

Le ridicule est non-seulement impuissant en France lorsqu'il porte à faux, mais ses coups restent sans effet, même quand ils atteignent le défaut de la cuirasse. Qui ne se souvient de M. Bugeaud avec son éloquence parlementaire et son picotin d'avoine? on sait comment le ridicule a tué celui-là : en le faisant maréchal de France sans que personne ait ri.

Le mot *élégant* ne doit s'appliquer aux choses qu'autant que ces choses portent en elles un caractère de belles proportions.

Nous ignorons si l'Académie a fait cette distinction, mais, en tous cas, nous la faisons pour elle. On dit un palais, une maison élégante; on ne dit pas une montagne élégante.

Ceci nous offre l'occasion de formuler un nouvel aphorisme :

Un gros homme, une grosse femme, peuvent être magnifiques, superbes, imposants; ils ne sont pas élégants.

Les manières sont élégantes quand on emploie dans une exacte mesure l'expression nécessaire pour atteindre le but. On ne se trompe jamais en interprétant les gestes d'un enfant : c'est qu'il exprime avec naïveté les dispositions de son instinct.

« Mouvoir toujours, dit M. de Balzac, c'est comme parler toujours. » Le bavard et l'homme qui fait beaucoup de gestes fatiguent ; de plus, ils sont vulgaires.

On a dit avec justesse que le repos était le silence du corps.

Partant de là, agir d'un mouvement mesuré, c'est comme parler à propos.

Il y a dans les manières une certaine loi d'harmonie qu'il faut observer.

Un mouvement saccadé est une note trop haute dans une symphonie, un mouvement trop court est une note trop basse. Il y a des mouvements tellement exagérés, qu'ils font grincer les dents comme une note fausse.

On ne saurait trop donner d'importance à la science du mouvement des manières et de la démarche.

Comme tout mouvement a une expression qui lui est propre et qui vient de l'âme, si l'on a reconnu que la disposition psychologique en soi est d'une mobilité qu'on ne puisse modifier, il faut s'occuper de l'expression extérieure et chercher à la corriger, à peu près comme un acteur cherche à s'approprier la physionomie du personnage qu'il veut rendre, ou bien encore, comme on s'occupe du style, qu'il faut beaucoup corriger pour rendre simple. Ici l'art, l'étude, peuvent venir en aide à la nature : c'est une béquille pour un boiteux.

La femme élégante chez elle, au salon, au bal, dans la rue, a des mouvements intraduisibles qui indiquent tout et ne laissent rien voir.

Remarquez une personne : si elle est élégante, elle ne marche point vite, elle ne parle point haut ni abondamment. Elle modère le jeu de sa physionomie, et quand elle rit, elle ne le fait jamais aux éclats.

On voit d'un trait que l'élégance du théâtre ne saurait être ce qu'elle est dans le monde.

Pour qu'une femme paraisse élégante au théâtre, il faut que ses manières, son ton, sa démarche, soient en rapport avec ce qu'elle est chargée de reproduire. Au théâtre, rien n'est vrai, tout est conventionnel : la campagne est une toile peinte, le pâté qu'on mange c'est du carton, le soleil c'est le quinquet de la coulisse. Ses caractères appartiennent soit au fantastique, soit à la rêverie, à l'abstraction, à la philosophie, comme dans Shakspeare, Voltaire et Gœthe. Notez bien que, si les caractères au théâtre étaient vrais, il n'y aurait plus d'art, et le charme s'évaporerait. Certes, on n'irait pas au théâtre pour assister à des péripéties qui seraient le calque exact des péripéties de la vie réelle. Il faut quelque chose de plus que la vérité. Croyez bien que ce qu'on demande au théâtre, ce n'est ni les tribunaux, ni un accusé, ni un échafaud, tels que cela se trouve à la cour d'assises ou à la barrière Saint-Jacques. Ce ne sont pas non plus des scènes et des salons comme ceux au milieu desquels nous existons et où nous jouons notre rôle, ni des femmes comme celles avec qui nous sommes en relation de chaque jour, de chaque heure. Si cela pouvait être, nous n'irions pas au théâtre, nous irions chercher l'émotion que produisent les scènes de la vie là où elles ne seraient pas une fiction.

Ce que nous voulons, ce sont toutes ces choses, mais grossies, arrangées, combinées pour être aperçues de loin, pour produire des effets d'optique. Voilà le théâtre; voilà aussi l'actrice. Vu de loin, c'est délicieux; vu de près, c'est un badigeon. La femme du monde, au contraire, reste pour nous le tableau de Dubuffe et de Winterhalter, l'aquarelle d'Isabey ou la mignature de Pommayrac.

Ce qui s'oppose à ce que l'actrice soit d'une élégance pure, c'est qu'elle n'est pas elle. Aujourd'hui elle aspire à l'élégance du dix-neuvième siècle, demain, à celle du dix-septième. Un autre jour, c'est l'élégance française qu'elle exprime, puis c'est l'élégance anglaise; c'est à l'infini, et partout la condition forcée pour elle, c'est l'exactitude.

Or, être tout, c'est n'être rien.

Il est donc vrai de dire que l'élégance de l'actrice et celle de la femme du monde ne sauraient être placées sur la même ligne. Ce sont deux trônes différents, jamais rivaux.

Quelques esprits vont même jusqu'à penser que des manières et une éducation distinguées forment toujours un obstacle au talent d'une actrice. Selon M. Jules Janin, par exemple, il est absolument nécessaire d'être une fille de portier pour bien représenter une duchesse du Gymnase.

Si j'étais actrice, je ne me ferais aucun souci de rivaliser dans le monde avec des femmes qui, par leur origine, leur caractère, leur fortune héréditaire, leur éducation et le prisme de leur existence, sont destinées à demeurer les éternels types de l'élégance et mes modèles. Je m'occuperais d'arriver à la gloire en faisant briller mon intelligence, et en rehaussant ma profession par l'éclat de mes succès. Cela n'empêcherait pas qu'on ne copiât mon élégance à moi !

CHAPITRE V

DES QUALITÉS PHYSIQUES

Des qualités physiques conformes aux lois de l'élégance. — Analyse des traits du visage dans leurs rapports avec l'élégance.— La moustache est essentiellement élégante. — Pourquoi les hommes aiment les tailles fines, etc.

Selon les artistes, la beauté est plastique, en matière d'élégance, elle est plutôt métaphysique, relative plutôt qu'absolue.

C'est-à-dire qu'aucune partie du corps humain ne peut avoir les proportions voulues par l'élégance, à moins qu'elles n'éveillent en nous une idée ou un sentiment.

Ce sont autant d'hiéroglyphes qui tous ont un sens caché.

Une danseuse à l'Opéra faite comme la Vénus

de Médicis ne serait pas douée du genre de beauté qui s'assimilerait le mieux à la danse. Les proportions de la Vénus expriment la beauté purement et simplement. Et encore Spurzheim, de son point de vue de phrénologiste, trouvait-il trop petite la tête de cette statue, ainsi que celle de l'Apollon du Belvédère. Mais, pour qu'une femme s'assouplisse aux efforts, aux difficultés de la danse, il faut nécessairement qu'elle détruise cette harmonie.

Dans l'économie physiologique d'une danseuse, les muscles doivent prendre beaucoup de consistance, les chairs perdre leur rondeur, leur contour; certaines parties, telles que les bras, s'allongeront, la taille sera plus mince, plus cambrée, plus flexible.

Il y a des écarts aux grandes lois de la nature, il y a des défectuosités que nous trouvons belles et élégantes. Mais ces écarts ont pour eux la logique de la civilisation. Ainsi une femme en corset est un mensonge, une fiction, mais pour nous autres cette fiction est mieux que la réalité.

Ceci bien compris, nous entrons à pleines voiles dans la détermination des lois de l'élégance par rapport aux diverses parties du corps humain.

Le cou long, les épaules fines, les mains petites, blanches, effilées, sont réputés jolis et élégants, parce que ce sont là des caractères auquel s'associent des idées de noblesse d'origine, d'inoccupation, de grandeur et de fortune.

Parmi les hommes, comme parmi les animaux, les races dégénèrent, s'abâtardissent dans des conditions données. Ainsi le cheval, bien proportionné, élégant, fin, n'a pas d'autre point de départ dans la création que le cheval gros et pesant. La différence de leurs formes n'atteste que la différence de destination qui fut donnée à leurs ancêtres.

Le travail manuel ou corporel a une action similaire sur les formes humaines. L'homme de peine, celui qui fait un constant appel à ses forces musculaires, celui-là aura le cou court, la tête enfoncée dans les épaules. — Le plus petit anatomiste démontrerait cela. — Ses épaules se développent démesurément, les bras grossissent, les mains deviennent fortes et perdent de leur délicatesse.

Les mêmes causes continuant d'agir, les générations se modifient sous leur influence, et ainsi les origines se révèlent à des signes matériels.

De tout temps un homme dont le torse est court, relativement aux cuisses et aux jambes, a été d'un aspect élégant. Ce sentiment parmi les nations européennes date de loin.

De l'habitude constante de monter à cheval résulte un allongement des muscles extenseurs de la cuisse ; aussi cette disposition physiologique caractérisait-elle les anciens chevaliers et les seigneurs féodaux, au contraire des manants et des vassaux. Don Quichotte est très-haut sur ses jambes, Sancho Pança très-court. Ces deux types sont des exagérations, sans doute, mais ils démontrent quel était le sentiment universel.

Le pied petit, la cheville fine et sèche, sont des signes de bonne race, de même que la main frêle, le poignet mince.

Savez-vous pourquoi le cou-de-pied un peu saillant est d'une extrême élégance! C'est que toute dépression dans la partie supérieure du métatarse est un signe auquel sont attachées vulgairement des idées de bassesse et de lâcheté. De là cette expression proverbiale de *pied plat*..

Une large poitrine ne manque pas d'élégance, parce qu'il est naturel de supposer que le volume du cœur correspond à celui de son enveloppe; et, selon Bichat, l'organe du cœur est le siége de tous les sentiments généreux, bons, nobles.

Le développement de l'estomac est presque toujours lié au penchant à la gastronomie. Or, le gastrolâtre est égoïste et sensuel : la vie matérielle prédomine en lui. Le cerveau fonctionne d'autant moins que l'estomac fonctionne davantage, et c'est pour cela, remarquez-le bien, qu'on vieillit par le ventre plus que par le visage. Ceci est la règle qui n'exclut jamais l'exception, comme chacun sait.

Cette disposition est donc essentiellement contraire à l'élégance.

Le visage de l'homme doit être plutôt ovale que rond, c'est-à-dire, présenter du développement au sommet et un léger rétrécissement à la partie inférieure, car le cerveau est le siège des facultés intellectuelles, tandis que la mâchoire peut être considérée comme celui de la sensualité.

Le front doit se projeter en avant, il doit être large; cette partie de la face est étroite dans les animaux, témoin le front du singe, qui fuit en arrière, et celui du chien, qui est presque horizontal.

Un menton un peu saillant ne manque pas d'élégance, et cela parce que les brutes n'ont pas de menton; tout ce qui rapproche la structure humaine de la leur est nécessairement d'une essence contraire à l'élégance, nonobstant les tailles d'abeille, les yeux de gazelle, les cous de cygne.

Les sourcils sont un autre trait du visage qui distingue l'homme de tous les animaux. Les anciens n'avaient garde de négliger cette observation. Ils en profitèrent avec une adresse admirable pour anoblir la figure humaine. C'est dans l'arcade sourcilière que gît particulièrement l'élégance du visage. Plus elle est ouverte, plus le caractère de l'élégance est accusé.

Les yeux doivent être grands, plutôt rapprochés,

— en dépit de Spurzheim, — qu'espacés; les yeux étant le miroir de l'âme, plus ils offrent de surface, mieux les sentiments qu'ils réfléchissent sont aperçus. Les grands yeux sont rarement trompeurs. Les hommes faux ont généralement les yeux petits.

La sagacité observatrice des artistes anciens ne dirigeait point en avant, mais de côté, les regards de l'homme timide et soupçonneux. Voulaient-ils exprimer le courage, la fermeté, l'audace? les yeux de leurs statues, quoique la prunelle n'y fût pas indiquée, semblaient attachés sur le spectateur et vouloir pénétrer jusqu'à son âme.

Le nez, étant l'une des conformations qui distinguent l'homme de tous les animaux, ne doit pas se dissimuler dans le visage. Pour éveiller l'idée d'élégance, il doit se prolonger en ligne droite, selon le type grec, ou prendre une légère courbure en se relevant un peu par le bout, selon le type romain. Ces deux caractères sont élégants, puisqu'ils sont associés dans nos souvenirs aux éternels chefs-d'œuvre de la statuaire antique.

Un gros nez est l'image peu élégante d'un tubercule et le symbole de la bêtise; dans Horace, *homo obesæ naris* signifie *hébété*, stupide; un nez fin, selon le même poëte, indique *la ruse, la subtilité*, *homo emunctæ naris*.

La bouche n'est élégante qu'autant que les lèvres sont mobiles et que les inflexions de la voix qu'elle exprime sont variées; elle est élégante lorsqu'elle semble plutôt disposée pour articuler les sons d'une voix douce et flexible, caractériser les signes de la pensée ou du sentiment, que pour saisir une proie et broyer les aliments.

Il y a des inflexions de voix qui sont élégantes, et d'autres qui ne sauraient l'être. La raison de cela est facile à saisir : toute altération de la voix indique un état anomal. Dans l'homme ivre, elle est rauque, diffuse, empâtée; dans l'homme effrayé, elle est fêlée, faible, tremblotante; l'homme furieux donne des éclats de voix qui assourdissent. Si une personne réunit en elle plusieurs des conditions de l'élégance, mais que pourtant sa voix ait quelque rapport avec celle d'un homme qui a bu ou qui a peur, il est évident que le charme disparaît à l'instant. L'organe doit être doux, pur, distinct, sonore; lorsqu'il est ainsi, on conçoit qu'il puisse être l'interprète des hautes pensées du génie et du cœur. C'est surtout chez la femme que l'absence de ces qualités nous choque. Que d'élans de passion produits par la physionomie, et que la laideur de la voix a réprimés aussitôt!

Nous ne pouvons nous dispenser d'indiquer que l'une des raisons qui nous portent à attacher une grande élégance dans la longueur et l'abondance des cheveux, c'est que non-seulement des masses compactes de cheveux accusent plus vivement les teintes, laissent jouer et frissonner des reflets innombrables; mais une opulente chevelure implique nécessairement les idées de soin, d'ordre et de propreté.

La moustache est essentiellement élégante.

Lorsque les Maures eurent envahi l'Espagne, les populations chrétiennes se trouvèrent mêlées avec la race musulmane, si bien qu'ils ne parvenaient qu'à grand'peine à se distinguer les uns des autres; faute d'un signe de ralliement entre eux, leur unité était menacée de destruction; il fallut s'entendre pour trouver ce signe par lequel, au premier coup d'œil, nos frères en Dieu se reconnaîtraient et pourraient s'entr'aider. Ils laissèrent croître sous le nez une ligne horizontale de poils qui devint la moustache, et sous la lèvre un bouquet perpendiculaire qui donnait à l'ensemble la forme d'une croix; et ainsi la moustache devint un symbole de liberté et de fraternité qu'adoptèrent bientôt tous les gens de guerre et d'église.

Une des principales raisons, chez les hommes, pour aimer la taille fine et pour y attacher ensuite une idée d'élégance, naît de leur égoïsme. Nous aimons à étreindre ce qui nous plaît. Plus un corps de femme est fluet, cambré, délié, plus facilement nous l'enveloppons de nos bras. Il semble que ce que nous tenons ainsi nous appartient mieux : c'est le symbole de la possession. Remarquez aussi qu'à mesure que la femme avance dans la vie, que son caractère se forme, qu'elle s'émancipe, elle échappe, pour ainsi dire, à notre influence, à notre autorité, et la taille s'épaissit. On gouverne une femme à vingt ans, elle a la taille fine; à quarante-cinq elle résiste souvent, secoue le joug marital, et la taille est grosse. Dieu la punit.

CHAPITRE VI

DU COSTUME

Importance du costume chez les peuples de l'antiquité. — Expression du costume. — Paroles d'un élégant célèbre aux jeunes fashionnables de Londres. — Des diamants, des plumes et des dentelles. — Deux femmes de la banlieue dans un bal de la garde nationale. — Définition de la mode, de l'élégance, de l'ameublement. — Deux passions rivales, etc.

Chez les peuples de l'antiquité, le costume était mis au nombre des beaux-arts, ses principes étaient définis, son influence sur la morale était appréciée, et des officiers publics veillaient pour qu'on n'en violât pas les lois fondamentales.

Il est évident que si le but des arts est de produire des impressions variées sur notre esprit, le costume ou la décoration du corps humain ne saurait être exclue de leur classification.

Le costume exprime tour à tour la richesse, la

prétention, la coquetterie, l'austérité, la modestie, c'est-à-dire qu'il a son caractère.

Otez à un homme sa cravate, troublez la régularité habituelle de ses vêtements, et sur-le-champ vous exprimez la démence.

Des fleurs sur la tête d'une jeune femme, c'est le bal avec ses brillantes et poétiques images.

Le caractère du costume lui est imprimé par des lois de deux natures distinctes, l'une physique, et l'autre morale.

De même que tous les corps dont le sommet est plus large que la base ont, ainsi que tous les cônes renversés, quelque chose d'aérien, et que, par la raison contraire, ils font naître l'idée de pesanteur lorsqu'ils ont la forme pyramidale, de même, dans le costume, on imprime un cachet de gravité ou de légèreté en mettant plus ou moins d'ornements et d'ampleur, soit aux pieds, soit à la tête.

C'est d'après ce principe que la robe magistrale, que le manteau royal furent toujours vastes, amples et traînants.

Mais, quelle que soit l'action des lois matérielles dans la détermination du caractère du costume, ce sont les associations d'idées qui prévalent toujours. C'est ainsi que le noir, pour nous, est devenu le symbole de la tristesse et de la douleur. Il importe peu que ces associations d'idées soient purement conventionnelles, ou qu'elles résultent d'un sentiment spontané et général parmi les hommes, il suffit qu'elles soient acceptées.

Le costume ainsi compris devient donc une sorte de science mathématique où chaque détail a son expression ou sa valeur fixe. D'où il résulte que l'élégance dans le costume consiste dans le rapport qu'il faut établir entre deux caractères, celui de la personne et celui du costume.

Si vous manquez de goût et de perspicacité, vous ferez infailliblement des rapprochements gauches, guindés, maladroits. — Il faut donc se consulter bien avant de faire choix d'une couleur ou d'une forme.

Bien connaître le trait caractéristique de sa personne, c'est posséder la science de s'habiller et les secrets de l'élégance.

De là un principe fondamental qu'on ne saurait trop répéter.

Ce n'est ni dans la richesse d'une toilette, ni dans la rareté des étoffes, ni dans la coupe plus ou moins imprévue des habits que gît l'élégance ; c'est uniquement dans l'effet produit par la combinaison de ces choses avec le jeu des proportions humaines.

Chercher à captiver les suffrages du vulgaire, c'est chercher, en matière d'élégance, les voies de l'erreur.

Dans l'art du costume, comme dans les autres

arts, ce qui saisit la foule, c'est généralement les effets grossiers. Il n'est pas vrai que le sentiment des masses soit bon et infaillible dans les arts. La quantité ne sera jamais la qualité.

Abandonné à ses instincts, à ses forces naturelles, l'homme de la rue ne peut point admirer Milton, encore moins Racine. En musique, il préférera les ponts-neufs aux plus savantes compositions de Beethoven; en statuaire, les figures en plein air de Curtius à l'Apollon du Belvédère et au marbre du Laocoon.

C'est sur cette observation que se fondait un élégant célèbre, lorsqu'il disait à de jeunes fashionables de Londres : « Vous saurez que vous êtes élégants, messieurs, lorsque, dans les rues, vous passerez sans être remarqués. »

Pour se vêtir d'étoffes riches, fastueuses, il faut en soi un caractère physionomique qui le permette.

Beaucoup de femmes, parce qu'elles sont riches, s'imaginent avoir le droit de porter des diamants, des plumes, des dentelles; elles se trompent. Un pareil droit n'est point donné par les accidents de la fortune; il émane directement de la nature. Ces femmes commettent des usurpations contre lesquelles protestent leur langage et leur physionomie.

Il y a quelques années, la garde nationale donna un bal dans la salle de l'Opéra. On remarqua deux femmes de la banlieue; l'une avait une robe de moire rose faite à la mode du village, et un superbe bonnet de paysanne en dentelle. Cette femme, au milieu de tous ces habits de bal assez mal portés, était élégante et faisait un effet charmant. On voit pourquoi.

Il y a défaut d'harmonie entre la modestie du maintien, la chasteté du langage, la circonspection des manières d'un côté, et de l'autre la licence du corps, l'éclat des bijoux et les couleurs vives.

C'est par suite de ce défaut d'unité que les hommes exercés dans la science du monde assignent d'emblée, dans un salon, au théâtre, dans les rues, la vraie condition des gens : il y a des femmes, quelque peu profanes, qui font des efforts de toilette inouïs pour paraître ce qu'elles ne sont pas.

Méandre cite un habillement diaphane, qu'il indique comme étant celui des courtisanes; c'est ce que Varron appelle des robes de verre. Ovide prescrit à la jeune fille de ne porter ni bijoux ni broderies.

Une petite-maîtresse voit sur une dame de qualité une robe d'une certaine façon; elle en admire les détails, l'ensemble, et trouve qu'elle sied admirablement à celle qui la porte; elle en commande une toute semblable, et cette robe, qui est identique au modèle, la rend affreuse; c'est tout bonnement qu'elle ne possède pas en elle le caractère auquel s'assimile ce vêtement. Que sais-je? elle a peut-être les bras trop longs, le cou trop court; elle est vive et pétulante, au lieu d'être posée et sentimentale. Quelque chose en elle ne se combine pas harmonieusement avec les dispositions de l'étoffe, il faut si peu pour être élégant, et si peu pour ne pas l'être. C'est surtout en matière d'élégance que le *poco più, poco meno* des Italiens joue un rôle important.

Ceci paraîtra subtil à quelques-uns, fou à beaucoup, et rationnel à tous ceux qui connaissent la puissance des riens.

« Les ornements de passementerie font fureur cette année, disait le vicomte Charles de Launay dans un de ses feuilletons de modes; mais ils ne conviennent qu'aux personnes calmes, dignes et paresseuses.

« Les femmes qui ont de l'activité dans l'esprit, qui s'impatientent facilement, ne peuvent se permettre ce genre de garniture. Si elles vont d'une chambre à l'autre, la cordelière, en se balançant dans l'espace, se prend dans la porte. Si elles écrivent une lettre pressée, pour sonner le domestique qui doit la porter, elles quittent vivement leur table à écrire, et la clef du pupitre s'accroche dans les brandebourgs de la robe. Si, voyant un bel enfant, elles veulent le prendre aussitôt dans leurs bras pour le caresser, les cheveux du pauvre petit s'entortillent dans les olives des manches, et la victime pousse des cris affreux. Conclusion ; les passementeries ne conviennent pas à tous les âges, encore moins à tous les caractères. »

J'ai connu à Paris une modiste célèbre qui avait fait de son art la plus profonde étude, et qui avait deviné, sans toutefois se rendre compte de sa découverte, que l'élégance était toujours sœur jumelle du caractère. Pour savoir si une couleur, si une forme convenait à quelqu'une, elle ne faisait jamais essayer ses modes! elle vous questionnait, et, selon la nature des réponses ou plutôt des renseignements, sa sagacité arrivait à des conséquences matérielles d'une justesse infaillible.

Un jour, j'accompagnais chez elle un de mes amis qui voulait acheter un bonnet pour sa mère et un chapeau pour sa sœur, toutes deux aux eaux de Baden-Baden.

— Quel est l'âge de madame votre mère? demanda-t-elle à mon ami avec un ton d'exquise politesse.

— Un peu plus de cinquante ans, répondit-il.

— Voit-elle le monde?

— Elle vit plutôt retirée.

— Donne-t-elle beaucoup de temps aux pratiques religieuses?

— Quelques heures chaque jour.

— Quelle forme a sa figure?

— Ovale.

— Pardon, et la couleur des yeux?

— Bleu-gris.

— Le nez?

— Aquilin.

— Très-bien, dit-elle. Ici la modiste sonna; une femme d'un âge mûr parut. Apportez, dit-elle, un bonnet X. R. C., n° 21.

La maîtresse est obéie.

Le bonnet convenait parfaitement.

— Mon Dieu! comme je suis étourdie! fit-elle; j'oubliais de vous demander si monsieur votre père vivait encore?

— Non, madame.

— Dans ce cas, cette couleur est trop foncée; quelque chose de plus léger, dit-elle encore en s'adressant à la même femme, X. R. D., n° 17.

— Maintenant, si vous le voulez, continua-t-elle, nous nous occuperons de mademoiselle votre sœur. Vous m'avez dit, je crois, qu'elle avait dix-huit ans?

— Pas tout à fait.

La dame toucha un nouveau cordon de sonnette, et cette fois ce fut une jeune ouvrière dans une fraîche toilette qui se montra.

— Permettez-moi une question importante, monsieur : mademoiselle votre sœur est-elle jolie?

— On la trouve telle.

— Est-elle musicienne?

— Oui, madame.

— Quelle est la couleur de ses cheveux?
— Blond cendré.
— Danse-t-elle bien?
— Elle aime la danse à la passion.
— C'est assez.

Elle fit un signe à la jeune personne, qui se retira pour paraître bientôt, ayant un délicieux chapeau sur la tête.

— Demain matin, dit-elle, tout sera prêt.

Elle tint, en effet, parole. Jamais ni bonnet ni chapeau n'avaient eu meilleur air et plus d'élégance.

Le costume est tellement caractéristique, que jusqu'aux détails qui le composent sont devenus emblématiques. De là le langage des fleurs et celui qu'on prête aux couleurs.

La mode elle-même, cette chose éphémère, indéfinie, mais qui n'est autre chose que l'orbite où s'opèrent les révolutions du costume, la mode possède un caractère qui lui est propre. Elle a sa philosophie, sa logique, parce qu'elle a des points de contact et de relation avec l'élégance.

Le caractère de la mode, c'est luxe, fortune, grandeur. D'où vient qu'un costume qui a été trouvé élégant cesse de l'être? c'est que ce costume, d'abord le patrimoine du petit nombre, est tombé dans le patrimoine public et s'est associé alors à des idées de pauvreté et de vulgarité qui ont effacé sa primitive effigie.

Le principe de l'élégance trouve également son application dans la composition de l'ameublement, dans le choix des équipages. Se bien connaître, c'est avoir la clef de l'élégance en toute chose. Qu'un homme emploie des sommes énormes à réunir chez lui les meubles les plus rares, les plus chers, les mieux travaillés, qu'il dépense à cela beaucoup de prétentions et de coquetterie, ne pensez pas que cet homme, par ce seul effort, atteindra l'élégance, s'il n'a d'ailleurs en lui les manières, le langage, le ton, l'esprit, l'origine, les habitudes qui s'assimilent à cet ameublement. Rien n'empêchera qu'il n'ait abstractivement un appartement élégant; mais du moment qu'il en fera les honneurs, l'élégance s'évanouira.

La société actuelle fourmille de ces exemples d'inélégance qui ne sont produits que par des incompatibilités et d'imperceptibles antithèses. En voici une raison entre mille.

« Le caractère distinctif de notre époque, disait il y a quelques années un spirituel écrivain, est l'étrange combat que deux passions rivales, rivales en apparence, mais associées en réalité, opposées de langage, mais fraternelles d'origine, se livrent dans les esprits à l'insu même de ceux qu'elles entraînent. La première et la plus impérieuse est ce besoin d'égalité qui dévore tous les orgueils et dont la susceptibilité ridicule commence à dégénérer en monomanie; la seconde, et la plus dangereuse, parce qu'elle explique l'autre misérablement, est ce besoin de luxe qui bouleverse toutes les classes, luxe risible, d'un anachronisme monstrueux, qui ne s'accorde avec rien dans notre siècle et qui semble n'avoir d'autre but que de faire ressortir la mesquinerie de nos fortunes, la bourgeoisie de nos mœurs, la grossièreté de nos manières et l'inconséquence de nos institutions. Voulez-vous savoir ce qu'ils font, nos parvenus, aussitôt qu'ils ont gagné de l'argent ?

« Ils se font meubler un appartement à la Louis XV.

« Tout le siècle est là. »

CHAPITRE VII

APHORISMES ET THÉORÈMES

L'élégance française. — L'élégance anglaise. — L'élégance espagnole. — L'élégance allemande. — L'élégance italienne. — L'élégance orientale. — Comment se fait un cabinet. — De la pensée qui a créé le costume moderne. — Des paletots, des gants. — Anecdotes. — La poupée modèle. — Les martyrs et les victimes de l'élégance. — Anecdotes. — Brummel. — Le lion moral. — M. de Talleyrand. — De l'homme mal habillé. — La civilisation en rapport avec le costume. — Des instincts de l'élégance. — Théorie des couleurs. — Une rivalité féminine. — Théorie des parfums. — De la philosophie du costume, etc.

Quand les soins de la toilette et de l'élégance du costume ne devraient servir qu'à nous faire paraître moins vieux, ils auraient des droits à ne pas être négligés.

Un homme âgé qui ne prend pas soin de sa mise, et l'homme âgé dont l'art combat les atteintes de la vieillesse, offrent entre eux cette différence : celui-ci est un vieillard, celui-là est un vieux.

Certaines femmes s'imaginent qu'elles se rajeunissent beaucoup en adoptant la manière de s'habiller des jeunes personnes. Elles arrivent directement au résultat contraire. Une de ces femmes demandait, un jour qu'elle s'était parée de gaze et de fleurs, comme une nouvelle mariée, si elle gagnait à se mettre ainsi; on lui répondit, avec le plus de politesse possible, qu'elle gagnait à n'être pas vue.

De même que l'élégance chez les individus se résume dans leur trait le plus caractéristique, le sentiment de l'élégance chez un peuple tient toujours des particularités morales qui le distinguent.

Le peuple anglais, par exemple, est grand, fastueux, magnifique, abondant, ostentateur; mais généralement il manque de goût, par la raison que le goût n'est autre chose qu'une certaine sobriété intellectuelle que n'a pas cette nation. Voyez, en effet, comme toutes ses inclinations prédominantes se manifestent dans le costume anglais. Les dames anglaises se couvrent d'une belle robe, mais cela est loin de suffire; sur la robe il y aura de la dentelle, la dentelle sera accompagnée de quelque autre joli détail de toilette, plus d'un autre encore, que sais-je; pour couronner l'ensemble viendront les bijoux, cela ne finit pas, et elles arrivent ainsi à être des tableaux d'enseigne. Chaque partie de cette toilette est peut-être charmante, il faut l'admettre, mais l'ensemble est d'un effet lourd. Il y a toujours abondance de superflu. On retrouve le même génie partout. Ainsi, une œuvre littéraire anglaise peut être admirable de poésie, de couleur, d'observation, mais la phrase sera longue, trop imagée. Un dîner anglais offre le même caractère, tout s'y trouve avec profusion, la profusion tient lieu du choix.

Le Français, peuple sobre, d'une imagination toujours lestée de logique, positif, mathématique, rapide, vif, plutôt pauvre que riche d'idées et de mots, le Français se distingue par une élégance dont la pureté des lignes, la chasteté, la correction, sont le mérite principal. Un dame française a toujours l'air d'être parfaitement épinglée. Son élégance est plutôt dessinée que peinte. La couleur manque.

L'élégance espagnole pactise au contraire avec les couleurs. Elle semble refléter cette nature chaude et colorée de la nation, de même qu'elle en exprime la religiosité par l'adoption du noir, symbole d'austérité morale.

L'élégance allemande offre un caractère de bonhomie mêlée de richesse et d'aberrations. Elle fait comme le peuple germanique des efforts inouïs pour paraître naïve. Elle est carrée.

En Italie, l'élégance native est clinquante; voyez Naples et Syracuse.

En Orient, c'est par l'or, la soie, les gemmes et d'opulentes draperies qu'elle se manifeste.

Il est évident que dans ces classifications de l'élégance, nous ne considérons que l'instinct des populations indigènes. Le naturel, le goût, le génie chez l'homme, se modifient par l'étude et les influences étrangères. Dans chaque centre de civilisation on peut donc trouver d'heureuses dérogations, en fait d'élégance, aux inspirations spontanées et indigènes. Rien n'empêche qu'un Anglais, qu'un Allemand, qu'un Français ne se fasse quelque peu de la nation dont il n'est pas.

On peut meubler (avec plus ou moins de goût cependant) un palais en vingt-quatre heures. En répandant l'or à pleines mains, on le couvre de tapis, de tentures, de tableaux, aussi promptement qu'on le désire; mais ce que tout l'or du monde et les plus habiles ouvriers réunis ne sauraient procurer, c'est un cabinet de travail, l'angle choisi où le maître se retire pour être lui, après avoir été l'homme du monde, l'endroit où il n'est plus lord un tel, ou monseigneur un tel, mais tout simplement, Louis ou James. Mais avec quoi donc meubler, demandera-t-on? avec des porcelaines du Japon ou de Saxe, des magots chinois ou des figurines du Mexique? Préférez-vous les armes ciselées aux crics malais? les vieilles orfévreries d'Ancône aux ciselures de Benvenuto Cellini? Qu'est-ce qui fait mieux autour des murs : des peaux de tigres, ou d'anciennes tapisseries d'Aubusson? Questions qui resteront sans réponses, parce qu'il n'en est pas de possibles.

Un cabinet se fait tout seul, on ne le fait pas.

C'est le recueil, d'abord tout blanc, où chaque jour, pendant la vie, le maître écrit un souvenir de ses emplettes, de ses amitiés, de ses plus intimes liaisons, de ses soudains désirs, de son âge heureux ou triste, de ses joies ou de ses regrets. A la première vue, lui-même croit n'avoir que des plumes d'aigles, des malachites, des bahuts moyen âge; mais qu'il parcoure lentement son mobilier, et il lira en caractères distincts toute sa vie, tout son passé.

Ce qui précède est si vrai, et souffre si peu d'exceptions, qu'un jour un homme de goût disait, en sortant du cabinet d'un jeune fashionable dont il n'avait jamais entendu parler : « Ce jeune homme a hérité depuis trois ans; il n'a aimé que des lingères, et il lui serait impossible d'écrire dix lignes sans faire autant de fautes d'orthographe. » Il ne se trompait pas. Ce jeune homme avait suspendu au plafond de son cabinet une multitude d'œufs d'autruche, montés sur or et pierres fines.

Une pensée égalitaire a créé tout notre costume moderne. Cette pensée s'était révélée dans le pantalon qui masque les formes gracieuses et fortes au profit des formes grêles et étiolées, dans la botte qui épargne à la médiocrité le luxe dispendieux de bas de soie; dans la couleur sombre et brune des redingotes et des habits qui laisse le torse dans une ombre propice à l'insignifiance de la tournure; dans le linge dont la simplicité puritaine, ennemie des dentelles et des points de Venise dont se pomponnait l'ancien régime, convient à toutes les classes sans exception.

Cette pensée s'était installée chez le tailleur, le coiffeur, le chapelier, le bottier, que sais-je encore? même chez le gantier. La petite propriété se gante à petit prix, et je n'affirmerais pas que nos courtisans du jour ne se gantent pas dans les bazars à vingt-neuf sous de la rue Rivoli.

Tout cela était beaucoup au point de vue du nivellement de la toilette, symbole de l'état social, et cependant cela n'était rien encore. Tous les hommes étaient à peu près égalisés, mais la pensée d'assimilation générale n'était pas assez réalisée, car ils n'étaient pas fondus en un seul. Ce phénomène de fusion était à trouver, on le tient.

Les tailleurs reçurent le mot d'ordre : commodité, aise, comfort, vulgarité, effacement; et le paletot fut créé. Ils nous jetèrent le paletot, ce perfectionnement de l'annihilation du costume, le plus ultra du vêtement égalitaire, véritable uniforme de phalanstère.

Or, maintenant, cherchez une forme dans cette barrique de drap; devinez, si vous le pouvez, le gentleman sous cette rude et ronde écorce. Toutes vos études et vos observations seront en pure perte. Est-ce un Indou, un Chinois, un Tartare, un Esquimau qui se meut, qui marche, qui roule devant vous? On ne sait.

Il y a quatre parties dans l'économie de la toilette d'un homme élégant: le linge, la cravate, la chaussure et les gants. La cravate et les gants ont agrandi leur importance dans ces temps modernes, le gant surtout.

Un événement tragique, sur lequel les historiens sont d'accord, avait mis le gant en discrédit pendant de longues années à la cour de France. L'infortunée Jeanne d'Albret, mère de Henri IV, fut empoisonnée par une paire de gants préparée avec des parfums. Depuis 1789, ils sont devenus de plus en plus à la mode. Aujourd'hui ils jouent un grand rôle, rôle symbolique, car il résume et exprime une foule de dispositions morales.

Que de sens divers, en effet, se trouvent renfermés depuis l'humble peau de lapin, depuis le gant de coton, le gant d'agneau, jusqu'au cannepin blanc brodé de soie, en passant par le gant de peau de renne, le gant de chamois, le gant de castor, le chevreau aux mille teintes, et enfin le cannepin simple ! Que de significations dans les nuances variées du chevreau ! C'est à l'infini. Un dandy vous dit sans parler qu'il monte à cheval ou qu'il va conduire son tandem ; qu'il est en cours de visite ; qu'il doit assister à un mariage ; qu'il se rend chez un ambassadeur, chez une lingère, au théâtre. Vous voyez ses gants, et vous concluez.

A la mort du roi Charles X, quelques députés flottants et non élégants ont cherché à faire des emplois politiques du gant. Ils se sont montrés au foyer de l'Opéra et du Théâtre-Italien, portant d'une main un gant jaune et de l'autre un gant noir. La main noire ouvrait les salons aristocratiques du faubourg Saint-Germain, la main jaune était celle qui puisait dans le budget. Rencontraient-ils un légitimiste? vite ils retiraient de leur poche la main qui était en deuil et la leur présentaient ; mais se trouvaient-ils en face de quelque personnage du château? c'était la main jaune qui se montrait à son tour.

M. Étienne, le pair de France par la grâce de Joconde, ne portait jamais qu'un gant ; c'était un reste de l'élégance dégingandée du Directoire, où tout se portait fluent et comme prêt à échapper : le gant au bout du doigt, le mouchoir voletant hors de la poche, le bambou en l'air et le chapeau sur le toupet.

Avant la Révolution française, et peut-être cela se pratique encore, Paris envoyait, une fois par mois, à Saint-Pétersbourg, une poupée, qui portait sur elle les habillements, la coiffure et la chaussure consacrés par la dernière mode courante. Quand la Révolution éclata, les élégantes de la haute société russe mirent tout en jeu pour que la poupée fût regardée comme puissance neutre, et allât sans entrave du Palais-Royal aux rives de la Néva. Les farouches républicains des frontières ne permirent pas ce trajet; mais qu'arriva-t-il? Les beaux de la cour de Louis XVI se dévouèrent, et l'on en vit qui se chargèrent de porter jusqu'à Saint-Pétersbourg la poupée proscrite. Deux furent pris et fusillés. Ce sont les martyrs de la mode. Reste à parler d'une victime de l'élégance.

Miss Gordon, demoiselle d'honneur de la reine Charlotte avant son mariage, assistait à la noce de cette malheureuse princesse lorsqu'elle épousa le roi George. Cette jeune personne, miss Gordon, était fort belle, habituée à se mettre avec goût; mais elle avait la dangereuse manie de se chausser si étroitement, qu'en vérité on ne sait comment elle obtenait l'équilibre en marchant. Au mariage de la princesse elle dut briller au premier rang parmi les demoiselles d'honneur. La cérémonie était longue, fatigante, comme le sont ces sortes de fêtes. Épuisée de lassitude, miss Gordon ne s'efforça pas moins de résister au bruit, à la chaleur et à toutes les douleurs d'un encombrement meurtrier; mais une douleur sans doute plus grande la fit, vers la fin de la cérémonie, chanceler et pâlir. Peu après elle s'incline, pousse un soupir et tombe. On se hâte de la transporter dans une autre pièce. L'évanouissement persiste. On la dépouille de ses robes, on la délace, et la vie ne revient pas. Enfin on s'avise de la déchausser, on arrache avec peine la soie qui lui étrangle les pieds. Miss Gordon pousse alors un soupir et meurt en disant : « C'est l'émotion d'avoir vu la reine. » M. Astley, le médecin du roi, déclara qu'elle était morte, non pas du plaisir excessif d'avoir vu la reine, qu'elle voyait deux fois par jour depuis trois ans, mais d'une congestion cérébrale produite par le reflux au cerveau du sang comprimé par les souliers. Le mot de miss Gordon est sublime. Il efface celui d'Arria: *Non dolet.*

Brummel, l'homme qui donna les modes pendant

si longtemps à la société aristocratique de l'Angleterre, Brummel n'était pas cependant un homme élégant dans la véritable logique du mot. Il se mettait bien : il attachait sa cravate avec un art infini, il l'empesait même de l'amidon qu'il avait inventé, il réussissait admirablement dans la création de ses coupes d'habit; mais il avait beaucoup de prétentions, et l'élégance n'en laisse jamais soupçonner; son esprit n'était pas à la hauteur de l'excentricité piquante de son costume ; il jouait l'homme titré, l'homme opulent, et le mensonge était diaphane : or il ne faut pas confondre la famille des gens bien habillés avec celle des élégants. Nous remarquerons, à ce sujet, que le mot élégant est presque toujours improprement employé. Un homme dont la mise est recherchée n'est pas pour cela un élégant, c'est un dandy, un muguet, un petit-maître, un beau, un incroyable, un fashionable, un merveilleux, un fat, un faro, un bozor, un piaffeur, suivant et les époques et les régimes.

Il ne faut pas confondre non plus l'élégant avec le lion : ce que dit madame de Girardin à ce sujet est fort spirituel : « Un lion moral est une bête curieuse; on n'entend pas un animal indiscret qui veut tout voir, mais un animal extraordinaire que tout le monde veut voir. Ainsi, le lion du Jardin des Plantes, dont personne ne se soucie, n'est pas un lion. Malgré ses prétentions légitimes à cette dénomination, malgré sa longue crinière, malgré ses ongles, malgré ses dents, ce roi des déserts n'est pas un lion. Il en est de même dans nos salons. Le lion d'un raout n'est pas le merveilleux dont la tournure est la plus extravagante, dont les poses sont les plus étudiées, dont les manières sont les plus prétentieuses; c'est quelquefois un homme très-simple, qui n'a pas le moindre ridicule à faire valoir, mais que tout le monde veut connaître, parce qu'une grande célébrité le recommande à l'attention générale, parce qu'il a fait un voyage des plus périlleux, parce qu'il a enlevé plusieurs mères de famille en Angleterre, parce qu'il a prononcé la veille un éloquent discours, parce qu'il vient de faire un magnifique héritage, parce qu'il a couru sur un cheval pur sang avec une casaque de jockey, parce qu'il descend de ballon à l'instant même et rapporte des nouvelles toutes fraîches de l'empyrée, parce qu'il est légèrement soupçonné d'avoir empoisonné sa femme, ou quelquefois bien moins que cela, quelquefois c'est tout bonnement parce qu'il vient de publier un livre plein de génie, qui a obtenu un immense succès; mais on n'est lion qu'un moment dans sa vie, la charge de lion n'est pas une place inamovible. Être le lion de la soirée, c'est être l'*atout* de la partie; et, vous le savez, la royauté de l'atout cesse quand le coup est joué. Ne dites donc plus inconsidérément : « Nos lions

« ont adopté telles modes; toutes nos lionnes as-
« sistaient à cette représentation. » C'est comme si
vous disiez : « Trèfle, carreau et pique sont atouts. »

Les bourgeois ont tous le travers de consulter
leurs fournisseurs sur le choix des étoffes, ou leurs
couturières sur la coupe de leurs robes. Rien n'est
plus maladroit. Qui ne sait pas choisir et diriger
ne sera jamais habillé, paré avec goût. M. de Talleyrand donna à ce sujet une leçon fort spirituelle
à plusieurs dames occupées à faire un choix entre
deux parures de bal. Il entrait lorsque, de guerre
lasse, elles venaient de prendre pour arbitre le *com-
mis* même qui leur avait apporté les bijoux :

— Monseigneur, s'écrièrent-elles en l'apercevant,
de ces deux parures, laquelle préférez-vous?

L'illustre diplomate, après avoir gravement ré-
fléchi, répondit à ces dames :

— Dites-moi d'abord quelle est celle qu'a choisie
monsieur?

On lui en désigne une.

— Alors c'est l'autre qui est infailliblement la
plus jolie et qu'il faut prendre, ajouta M. de Talleyrand.

Quelques hommes sérieux, qui s'habillent fort
mal, ont le tort de dédaigner les vêtements élégants. De tout temps les peuples qui ont été les

moins élégamment habillés ont été les plus arriérés en civilisation ; le contraire a lieu chez tous ceux qui, comme les Grecs, se sont avancés dans le perfectionnement de l'esprit humain.

Alcibiade était parfait.

Pourquoi ce qui est vrai pour plusieurs ne le serait-il pas pour un seul? L'homme mal habillé est un Scythe, un Tartare. Il y a présomption de mœurs délicates et de civilisation raffinée en faveur de celui qui sait bien se mettre.

Un jeune homme d'immense patrimoine, que Paris et Londres connaissent, mais qui n'avait guère pour lui que sa richesse, sachant qu'un de nos gentilshommes des plus élégants devait, le soir, se rencontrer avec lui dans la même assemblée, lui dit que, s'il le désirait, il mettrait sa voiture à sa disposition. Le comte accepta l'offre de grand cœur.

— Et vous, lui demanda-t-il, comment donc irez-vous?

— Mais, répondit le jeune homme avec une légère surprise, je vous accompagnerai.

— Pardon, lui dit le gentilhomme, car, dans ce cas, je serais forcé de vous refuser.

Ils ne pouvaient aller ensemble.

Tous ceux qui ignorent les véritables instincts de l'élégance ont blâmé cette réponse. Ils auraient été plus indulgents s'ils avaient su combien il importe de bien choisir celui avec lequel on s'attèle, soit dans une causerie de salon, soit dans une promenade en public. Il y a des effets qui disparaissent entièrement dans un entourage discordant. En règle générale, il est bien difficile qu'on puisse sortir du même équipage en se maintenant dans les conditions rigoureuses de l'élégance.

Le gentilhomme aurait incontestablement préféré que ce jeune homme lui eût proposé de faire monter son domestique auprès de lui; car alors il aurait pu lui dire : « Monsieur, si vous montiez avec moi, ce serait contre les susceptibilités de l'élégance, tandis que si votre domestique montait, cela pourrait être une originalité. »

Il est impossible de donner quelque attention à l'élégance et de négliger la science ou la théorie des couleurs.

De même que les peintres ne laissent jamais deux lumières remarquables briller également dans un même dessin, de même, dans le costume, une moitié du corps ne devrait jamais être distinguée de l'autre par une couleur différente ou tranchante; tout ce qui divise l'attention et l'empêche de suivre l'ensemble d'un objet nuit à l'effet.

Les couleurs secondaires doivent avoir un certain rapport avec la couleur dominante. Les teintes dominantes sont mieux adoucies par les dégradations. Ce qu'il faut généralement éviter, c'est l'opposition heurtée.

A cet égard, quelques observations sont indispensables.

Les couleurs primitives, le jaune, le rouge et le bleu occupent les trois angles d'un triangle équilatéral. L'orangé, le pourpre et le vert sont composés de leurs intersections. L'orangé est le composé opposé au bleu, le vert au rouge, le pourpre au jaune.

Chacune des trois couleurs primitives, de même que les trois composées, se marie avec le blanc.

Quand il s'agit d'un vêtement harmonieux, il faut employer les teintes dans l'ordre successif du triangle. S'il s'agit d'un costume brillant et qui éclate, il faut recourir aux contrastes.

Il y a bien quelques années, deux dames, rivales acharnées dans toutes les occasions de la vie et pour tous les motifs, terminèrent leur guerre par un double trait de vengeance dont je me servirai ici afin de prouver la différence à établir entre l'élégance du jour et l'élégance de la nuit. La moins âgée de ces deux dames imagina de donner une matinée, sorte de fête que je n'ai jamais approuvée, parce qu'elle est d'une épreuve rarement heureuse pour les beautés qui ont la témérité de s'y rendre. Le plein jour a des indiscrétions infinies. C'est un traître, un moqueur, il ne fait grâce à rien ; ni au teint, ni à la tenue, ni à la couleur des cheveux. Il exagère le mal et ne fait pas valoir le bien. Je le considère comme un suicide pour la plupart des femmes qui s'y exposent.

Or il n'était pas possible à la rivale plus âgée, sous peine de s'avouer vaincue, de refuser l'invitation par une apologie, comme on dit en Angleterre. Contre cette *mauvaise* fortune elle fit bon cœur, si elle ne put faire beau visage. Elle alla à la matinée. Le résultat de cet acte héroïque ne pouvait être douteux pour elle : elle parut fatiguée, flétrie, et on s'étonna de l'avoir trouvée si bien jusque-là. La jeune rivale triompha.

Quoiqu'elle eût le désespoir dans l'âme, sa victime ne voulut pas se retirer de la lutte sans avoir essayé de prendre sa revanche. Étouffant son dépit, elle annonça une grande soirée, que sa brillante antagoniste fut priée d'embellir des grâces de sa présence. On vint en foule, car la réunion était toujours brillante et choisie dans l'hôtel qui ouvrait ce soir-là ses portes.

Les salons étaient pleins lorsque la jeune ennemie se fit annoncer. A l'instant même, toutes les bougies s'éteignent, sauf deux ou trois qui éclairent assez pour se conduire d'une pièce à l'autre, mais trop peu pour admirer les visages et les toilettes. On s'interroge, on se regarde ; mais, au

calme de la maîtresse de la maison, on s'aperçoit
que cette obscurité n'est point le fait du hasard
Les danses cessent et les conversations commencent.
Jamais la dame du logis ne s'était montrée si spirituelle; elle ravit, elle enchanta. Sa parole, son esprit, tantôt bienveillants, tantôt satiriques, petillaient comme du feu; elle écrasa sa rivale muette
et confondue par cette supériorité magique. Quand
elle crut sa victoire assez complète, elle lui dit :

— Madame, vous avez voulu montrer mon visage
au jour, j'ai voulu montrer à mon tour ce qu'était
votre esprit quand les bougies sont éteintes.

On peut appliquer aux parfums ce que nous
avons dit à propos de la toilette, dont ils constituent un détail important. Il faut se défier des gens
qui se révoltent d'une manière absolue contre
l'usage des parfums : ils sont maladifs, ou le sens
de l'élégance n'est pas complet chez eux. Le contraire d'une mauvaise odeur c'est une bonne odeur.
Qui n'a pas de sympathie pour des odeurs agréables n'a peut-être pas trop d'antipathie pour des
odeurs désagréables. L'absence des odeurs est une
négation, cette négation peut quelquefois être élégante ; cela dépend du caractère et des façons de la
personne. Un enfant, un savant modeste, un esprit
austère et grave, un vieillard, peuvent se passer de
parfum; mais une femme jeune, mais une imagi-

nation riante, aimable, sont autant d'éléments avec lesquels les parfums ont une grande affinité d'élégance.

Parmi les parfums, les espèces sont variées à l'infini; il en est de doux, d'aromatiques, d'ambrés. Il faut apporter dans le choix qu'on en fait le même discernement qu'exige le choix des autres détails de la toilette.

Un veneur, un homme de cheval, un capitaine de cuirassiers qui se sert d'extrait de jasmin, ou de mousseline, ou à la duchesse, est un provincial sans tact. Il commet une faute dans la langue de l'élégance. Un laquais, un cuisinier, un homme de service qui se met des parfums, affecte les sens de la même manière qu'il affecte l'esprit quand il fait un barbarisme.

Il est des détails de toilette qui ont eu le privilége de demeurer éternellement élégants : ce sont ceux dont les classes infimes peuvent s'emparer le moins facilement.

Dans la hiérarchie sociale, il est des natures de travaux pour lesquels les vêtements ras, étroits, étriqués, sont d'un usage impératif. Les classes secondaires seront éternellement condamnées à assimiler la forme de leurs habits à leurs occupations coutumières; non-seulement ce qui est riche et rare n'est pas à leur portée, mais il est des formes, des coupes, qui leur sont à jamais interdites.

Si tous ceux qui sont appelés par le prestige de leur origine, par les ressources de leur fortune, à se distinguer des autres, adoptaient dans leur costume ces formes particulières avec lesquelles pactisent les habitudes de leur existence de luxe et de loisir, l'infériorité des rangs serait aussitôt trahie. Nul doute alors que de la philosophie du costume, de la théorie de l'élégance, on pourrait faire sortir sinon une révolution sociale, ce qui serait trop dire, du moins tout un nouvel ordre de distinction et d'aristocratie.

CHAPITRE VIII

DE LA CONVERSATION

En quoi consiste le talent de la conversation. — On juge un homme à sa phrase. — La conversation est la physionomie de l'intelligence. — L'âge trahi par les mots. — Les locutions, comme les modes, ont leurs dates. — Victoires, conquêtes et désastres de la conversation en France. — Les vocabulaires historiques. — Comment parle le grand monde. — Des conversations pleines de bonnes pensées qui en font naître de mauvaises. — Pourquoi les femmes causent bien. — Des sujets de conversation qui leur conviennent. — Des qualités indispensables pour réussir dans l'art de la conversation. — Comment on intéresse. — De la conversation parisienne. — De l'appropriation des mots, des idées avec l'âge. — Des gens qui nous ennuient et des gens que nous ennuyons. — De l'influence du théâtre sur la conversation. — Du rire. — Des expressions usées, banales. — Des compliments. — De la moquerie. — Ce que c'est qu'un salon. — Du silence, etc.

Lorsque les Orientaux vont se visiter, ils emportent avec eux une quantité de petites fantaisies aussi remarquables par le goût que par leur valeur : ce sont des flacons d'essence, des éventails, des bijoux, une émeraude enchâssée, une épingle d'opale, des cassolettes ciselées, des boîtes en bois de rose embaumées de musc avec incrustations d'or, des chapelets d'ambre; c'est une collection de petites merveilles de l'Orient.

Presque toujours leurs réunions sont silencieuses. La nonchalance orientale se contente des jouissances qui naissent de la pensée, du sentiment, des impressions de la vue et de l'odorat. Ils concentrent leurs sensations, qui sont d'autant plus vives qu'elles ne s'évaporent pas, mais pour se dispenser d'avoir de l'esprit et aussi pour traduire le plaisir qu'ils ressentent d'un bon accueil ou du charme qu'ont pour eux, soit les lieux, soit la compagnie, ils ont coutume, de moment en moment, de s'offrir mutuellement des cadeaux C'est un échange perpétuel entre le visiteur et le visité. Les libéralités, cela se conçoit de reste, sont toujours en raison du contentement, si bien que quelquefois dans une séance, toutes leurs réserves s'épuisent.

Les Occidentaux, moins paresseux et moins riches, ont inventé la conversation pour suppléer cet usage.

Les parfums, les bijoux et l'ambre de l'Orient sont remplacés chez nous par les phrases polies, les pensées d'or, les jolis à-propos, les piquantes anecdotes, les compliments et les narrations brillantées de la conversation.

Parmi nous, qui cause bien exerce autour de lui une influence assurée, une séduction secrète, un magnétisme irrésistible.

Il importe donc de bien parler.

C'était un talent fréquent dans le grand monde de l'ancienne France. Aujourd'hui il est fort rare. On peut dire avec justesse que jamais époque ne fut plus parolière que la nôtre et que jamais on ne causa plus mal. Jamais on ne se servit autant du talent de la parole dans les transactions de la vie, et jamais époque ne fut plus stérile dans l'art de la conversation.

L'égalité des temps modernes ne s'est encore mieux traduite que par cette incapacité à peu près générale du beau parler.

A Paris, cette fourmilière de hauts talents, l'éloquence se trouve à chaque pas, l'esprit partout; l'art de la conversation rarement.

On ne le possède qu'à certaines conditions.

Il exige un talent naturel.

Autrefois, quand on ne l'avait pas, on l'acquérait.

Nous allons dire comment.

Les orateurs de profession se trompent quand, en causant, ils pérorent, quand ils croient pouvoir se livrer aux mouvements d'éloquence qui leur réussissent dans les solennités d'un auditoire public. Cette éloquence ressemble aux décorations de théâtre qui, vues de près, produisent un mauvais effet. Il leur faut une certaine perspective. On peut encore les comparer aux costumes qui brillent grâce à l'optique. C'est trop ample, trop *forum* pour le salon.

En général, la majesté est une forme qui convient aussi peu à notre parole qu'à nos habits.

On se réunit dans le monde pour se récréer. Une des causes qui nuisent, dans la conversation, au succès des parleurs de profession, c'est qu'ils perdent de vue que, se récréer, ce n'est ni s'instruire comme à la Sorbonne, ni admirer, ni poser pour être admiré, ni s'étonner; encore moins faire de la discussion comme au Parlement. M. de Fénelon, qui savait cette vérité, mettait au petit nombre des heureux ceux qui s'amusent en s'instruisant : consultez l'épigraphe du *Télémaque*.

Les grands artistes en éloquence, les professeurs, les politiques, les prédicateurs, les avocats, ont pour but de nous apprendre ce que nous ne savons pas, de nous convaincre au profit d'un intérêt ou d'une passion; enfin, de faire valoir à nos yeux le mérite des sacrifices et de l'abnégation. Tout cela est utile, intéressant; cela nous agite, nous console, nous améliore, mais cela n'est pas amusant, cela n'est pas converser.

Si votre talent naturel manque de mobilité, si, comme le verre taillé à facettes, il ne reflète pas, en les multipliant, les couleurs et les formes des objets qui rayonnent autour de vous; si votre talent n'est semblable au kaléidoscope, à qui la plus imperceptible oscillation suffit pour changer, modifier, créer un dessin nouveau, vous n'aurez que des succès d'estime dans la conversation ; on dira que vous parlez mais que vous ne causez pas.

Cette mobilité de l'esprit, où plutôt cette aptitude à varier ses tons et à s'assimiler à ce qui est contact avec nous, est une qualité précieuse, car elle est rare.

Duprez, comme chanteur, ne nous a jamais plu que médiocrement, et cela malgré sa belle voix, sa belle méthode. Voici pourquoi : c'est que son talent, même à l'époque de sa grande vogue, n'avait, selon nous, qu'une allure. Il ne sortait pas du mouvement lent, de la phrase ample. Vous étiez condamné, avec lui, à subir éternellement le *largo*, l'*adagio*, ou tout au plus l'*andante*. Il nous prenait des fantaisies, quand cela se prolongeait, de l'éperonner, de le pousser, pour qu'il galopât un peu. Sa voix ne parlait pas, c'était un instrument.

Rubini, Tamburini, Bordogni, Nourrit, Martin, chantaient. Ils faisaient aussi bien un *presto vivace* que le *cantabile* d'une musique sacrée. Ponchard jasait.

Pour comprendre à quel point la mobilité est une qualité essentielle à l'esprit, ne suffit-il pas de faire remarquer que les plus belles choses du monde cessent à la longue d'agir sur nos sens et d'éveiller soit notre enthousiasme, soit le plaisir.

Celui qui, chaque jour, assiste au lever du soleil, devient indifférent à ce spectacle.

La vue de l'Océan, après avoir secoué en nous toutes les cordes de l'admiration, finit par nous laisser froid après trois jours de voyage.

Un feu d'artifice qui durerait six heures de suite, deviendrait un supplice pour les yeux et l'esprit.

La plaisanterie elle-même doit avoir ses limites. Elle tient surtout à la surprise, et on ne saurait être surpris une heure de suite.

Il y a beaucoup de parleurs éloquents qui sont de véritables levers de soleil !

Le docteur Johnson, pendant trois quarts d'heure, avait entendu un pianiste célèbre braver et surmonter des difficultés inouïes sur son instrument. Ayant été abordé par l'artiste, celui-ci le trouvant froid et voulant connaître son opinion : « Docteur, lui dit-il après un moment de silence, vous n'avez pas pensé à quel point le morceau que je viens de jouer était difficile ! — Plût à Dieu, lui répondit Johnson en riant, qu'il eût été impossible ! »

L'art de la conversation consiste souvent à saisir le rapport bizarre, éloigné, par lequel se lient deux choses qui, aux yeux de tous, ne semblent avoir aucune liaison entre elles.

L'imprévu avec lequel cette liaison est indiquée, est une grande source de plaisir pour l'esprit. C'est un pont jeté sur votre chemin, qui vous conduit du pays que vous avez parcouru à un pays nouveau, une porte ouverte dans une glace qui vous révèle un salon que vous ne deviniez pas.

Il existe, nous l'avons dit, diverses catégories de conversations. La conversation lingot, la conversation d'or monnayé, la conversation d'argent, la conversation gros sous et le plomb.

La conversation lingot ou minerai, si vous voulez, malgré sa valeur réelle, ne peut servir ni à nos besoins ni à nos plaisirs. Il manque à cet or le bruni, la façon, l'alliage, l'effigie et le millésime qui donnent cours. Les grands penseurs : metaphysiciens, astronomes, savants, arrivent souvent dans un salon la gorge pleine de lingots. Le monde qui voit cela se dit comme le coq de la fable.

Les ignorants, qui trouvent naturellement important ce que le hasard d'une rencontre ou d'une lecture leur a fraîchement appris, ceux qui acceptent les banalités que le temps a mises en circulation, ceux pour qui les proverbes et les romans et les vaudevilles sont des entrepôts où leur intelligence s'approvisionne, ceux-là commettent la conversation gros sous! Ils ont des formules toutes faites, des phrases daguerréotypées qui viennent tomber inévitablement à votre oreille. L'homme de goût entend le singe, et comme le dauphin le laisse tomber!

Un de mes amis fut abordé un jour par un de ces fâcheux en conversation, à qui depuis longtemps il devait plusieurs visites. « Pendant huit jours, lui dit notre homme, j'ai souffert d'une affreuse névralgie, je ne pouvais plus parler. — Diable, j'en suis fâché, répond mon ami, si j'avais su cela, je serais allé vous voir. »

Un des caractères des gens d'esprit, c'est l'art ou l'habitude qu'ils ont, soit se broder toujours un aperçu neuf sur l'idée commune par laquelle ils sont obligés de passer, soit de la revêtir d'une forme originale.

On juge un homme à sa phrase, c'est l'échantillon détaché, qui suffit pour qu'on connaisse son étoffe.

La conversation est la physionomie de l'intelligence.

Il y a des conditions qui se trahissent par un seul mot.

Donnez-m'en un de la conversation d'un homme, et je vous dirai son rang, son instruction, son savoir-vivre. Si c'est une femme, je vous dirai même son âge!

Qui ne sait qu'au bal, par exemple, l'âge des femmes se reconnaît généralement plus aux pieds qu'au visage? Eh bien, de même que certains pas disent telle ou telle année, certains mots disent aussi : Vingt, trente-cinq ou cinquante ans.

A Paris, il y a un temps de vogue non-seulement pour les coupes d'habits, mais pour les façons de dire. Ces locutions sont comme des médailles qui portent leur date. Quand elles sont de mode, on les emploie à fatiguer, à tort et à travers, à tout propos et sans propos. Or, pour les habitudes de langage de même que pour les modes, beaucoup de personnes parmi les contemporains leur survivent. Ce sont des glossaires! On a bien de la peine à abandonner les formes, les coupes d'habits qui nous seyaient à telle époque, bien de la peine à mettre de côté les mots avec lesquels on produisait quelque effet en causant.

Il y a quinze ans à peine, on a rencontrait encore dans nos salons des femmes qui, au bal, risquaient par aventure un jeté battu ou des flics-flacs. On n'avait que faire d'interroger leur visage; ces femmes dataient de l'Empire, elles étaient du bon temps de M. Trenitz et de Pastourelle. Soyez assuré que si l'une d'elles avait voulu exprimer qu'une parure seyait à une autre femme, elle eût infailliblement dit : « *Cela va aux oiseaux!* »

Son langage avait mille échappées de ce genre.

Une femme aujourd'hui risque-t-elle un pas de galop ou des glissades dans un quadrille, c'est la Restauration personnifiée. Parle-t-elle d'un chapeau de paille d'Italie, d'une guimpe de dentelle, elle dira : « *C'est un amour* que cette guimpe, *c'est-à-dire* que je n'ai jamais rien vu de mieux. »

Le milieu dans lequel nous vivons déteint sur nous.

Les négociants, les banquiers, quoi qu'ils fassent, s'ils ont un renseignement à vous dire, vous le donneront toujours un peu pour *votre gouverne*.

Le monde prétentieux et commun de la société parisienne, a des locutions caractéristiques. Une bourgeoise veut-elle exprimer son admiration pour un chanteur, elle dit : *il est délirant*. Son fils est un *moutard*.

Tarabiscoter! rococo! renversant! mirobolant! ont eu leur vogue qui, passant des petits feuilletons dans le petit monde, se sont aplatis en s'usant.

Chaque cycle de notre civilisation turbulente, depuis 92, se distingue par une phraséologie caractéristique.

Après le 9 thermidor, c'est le dévergondage et une sorte de férocité gaie : on sortait des griffes de l'hyène révolutionnaire. Il y avait des *bals à la victime!*

Le Directoire eut un langage affadi, éreinté.

L'Empire, trop agité malgré son vif éclat, fut un mélange de rechercheries prétentieuses et d'imitation stérile ; on voyait poindre l'ignorance du parvenu mêlée à la brusquerie du soldat. Plus durable, cette époque eut infailliblement imprimé au langage son caractère grandiose.

Sous la Restauration, le grand seigneur revenait à la mode.

Pendant le règne de Louis-Philippe, c'est l'argot qui surgit : l'époque tout entière se reflète dans les *Mémoires de Vidocq* et les *Mystères de Paris*. L'admission de l'argot dans la conversation est le signalement par lequel nos petits-neveux reconnaîtront ce règne des Robert-Macaire !

La cause principale à laquelle la conversation des grands seigneurs d'autrefois était redevable de son élégance et de sa distinction, c'est qu'ils vivaient dans une sphère inaccessible aux misères, aux bassesses de la plupart des conditions.

Il en est de même de la bonne compagnie anglaise d'aujourd'hui.

Rien de pauvre sous les yeux, rien de laid, rien de rabougri. Au contraire, tout, autour d'eux, respire le luxe, l'opulence ; l'art resplendit partout ; on a soin d'éloigner ce qui peut blesser les sens. D'où il suit que, les sens n'étant jamais affectés désagréablement, l'esprit n'est jamais obsédé par des impressions pénibles ou par de mauvaises images, et la conversation reflète la transparence et la délicieuse pureté de l'atmosphère qui les enveloppe.

Le grand monde ne parlait ni comme un avocat, ni comme un prédicateur, ni comme un financier. Il parlait comme madame de Sévigné, qui écrivait mieux que la plupart des seigneurs, mais qui ne causait pas avec plus d'agrément.

Les lieux sont pour beaucoup dans les idées qui viennent aux gens, même dans le son de leur voix. Cela est tellement vrai, qu'il y a des conversations de localité. A Paris, les cafés et les coulisses offrent des exemples remarquables de cette observation. Les vaudevillistes, en général, ont prodigieusement d'esprit; mais c'est entre eux. Transplantez-les, ils sont éteints; ces mêmes hommes, hors des coulisses ou du café, n'en auraient que peu. En général, c'est de l'esprit qui ne se traduit pas, que le leur. Il n'est pas dans la pensée précisément. C'est le résultat, tantôt d'une assonance, tantôt d'une interprétation arbitraire, accidentelle; c'est un cliquetis de phrases; c'est l'adresse ou l'instinct de trouver un sens à des mots.

A ce sujet, je rappellerai le mot d'un critique anglais, grand ennemi des calembours; il disait que qui *faisait le calembour* était capable de *faire le mouchoir*.

Les médecins ont coutume d'appeler chaque chose par son nom. Ils ont une incontinence de mots propres qui font grincer les oreilles des gens délicats.

Il importe de se garder de ces conversations remplies de bonnes pensées qui en font venir de mauvaises!

Plus on a d'imagination, nous l'avons dit, et plus la conversation brille. La raison philosophique de cela, c'est que l'imagination nous enlève à nous-même pour nous porter hors de notre individualité. L'égoïsme est mortel à l'esprit de conversation. Les hommes d'affaires et d'argent sont condamnés, à cet égard, à une éternelle nullité. Ils se mettent continuellement en scène.

On n'intéresse les autres qu'en s'oubliant.

Une des choses, dit la Rochefoucault, qui fait qu'on trouve si peu de gens agréables dans la conversation, c'est qu'il n'y a presque personne qui ne pense plutôt à ce qu'il veut dire qu'à répondre précisément à ce qu'on lui dit. Les plus habiles et les plus complaisants se contentent de montrer seulement une mine attentive, en même temps que l'on voit dans leurs yeux et dans leur esprit un égarement pour ce qu'on leur dit et une précipitation pour retourner à ce qu'ils veulent dire.

Les femmes brillent dans la conversation, parce que leur nature est toute d'assimilation et d'imprégnation; elles s'identifient avec l'esprit qui est devant elles.

Mais, pour qu'une femme soit réellement aimable, il est à peu près démontré qu'il faut qu'elle soit livrée à son instinct de femme, c'est-à-dire aux lumières de son cœur.

L'instruction qu'on leur donne dessèche leur sève naturelle.

Jadis les femmes ne savaient pas l'orthographe

et les hommes étaient toujours près d'elles. Aujourd'hui, on l'a remarqué avec raison, elles savent la physique, elles sont fort en état de soutenir la conversation avec les hommes, et les hommes les laissent seules.

En Angleterre, c'est du jour que les femmes se firent bas-bleu que datèrent les clubs!

Une femme lettrée est comme un être qui a renoncé à l'usage de ses jambes pour marcher à l'aide d'échasses ou de béquilles. Elle fait de plus grands pas, mais n'arrive jamais.

La grosse politique ne sied à la femme à aucun âge. Une opinion qui ne peut être appuyée par l'action est comme non avenue!

Quand la femme d'Hector — je cite l'*Iliade* — vient discourir avec son mari sur les plans et l'opportunité de la bataille qu'il est à la veille de livrer sous les murs de Troie, le héros supplie Andromaque de laisser là ce sujet de conversation et l'engage à se rendre auprès de ses femmes et à s'occuper de son rouet!

Il n'existe pas de conversation sans bienveillance, sans politesse, sans imagination, sans esprit naturel, sans bon sentiment. Ni l'érudition, ni l'éloquence, ni le trait, ni le *brio*, ni la raillerie, ne font un causeur charmant et véritablement accepté.

A Paris, l'égoïsme est le climat du pays. L'hospitalité y est chose inconnue. Les politesses et les invitations dont vous êtes l'objet de la part des Parisiens ont l'air de vous être faites en reculant. Cela s'explique à merveille par la raison suprême que voici : C'est que les Parisiens n'ont besoin de personne pour s'amuser. Leur vie à eux, c'est la vie du dehors. Or, il est démontré que l'hospitalité, chez les peuples, est toujours en raison de l'ennui qu'ils éprouvent. Plus un peuple est hospitalier, plus il est ennuyé. Un étranger est pour lui une épave de prix que chacun se dispute. Mais si cette raison philosophique explique et justifie presque l'égoïsme du Parisien, elle explique aussi pourquoi à Paris la conversation, en général, est aussi insignifiante et décolorée. Elle sent toujours le pays. Elle aurait besoin d'être saupoudrée du pittoresque étranger.

Les Parisiennes, si parfaites dans la science plastique de la toilette, si nettes, si épinglées dans leurs ajustements, sont d'une réserve inimaginable dans le fond de leur conversation. Elles ne s'écartent guère d'une trentaine de banalités dites de la manière la plus facile du monde.

Malgré leurs réunions, leurs cohues d'hiver, les Parisiens étant privés de ces relations intimes, de ces coins de feu qui font le charme de la vie de province et servent d'apprentissage aux aptitudes spéciales pour la conversation, vont chercher leurs modèles au théâtre. Leur mémoire se farcit d'une foule de quolibets, de petites phrases à effet dont ils se servent ensuite, quand le hasard en fait l'opportunité, ou qu'elles arrivent à peu près bien. De là, si vous le remarquez, une absence complète de mots véritablement de situation. Ce sont des raccordements, des rapiècetages plus ou moins adroits. L'inspiration spontanée n'y est pour rien.

Je ne connais pas de pays où l'on fasse un abus plus ridicule du mot *monsieur* et du mot *madame*. Les bourgeois croient donner une importance, une valeur excessive à leur langage à l'aide de ces deux mots. *Monsieur*, *Madame!* bien encadrés, mis au début ou à la fin d'une phrase, c'est de la dignité, du savoir-vivre, de la grâce, que sais-je?... *Madame* veut-elle?... — Comment donc, *madame!* — Assurément, *madame*. — Mais, *madame*, je vous en prie. — C'est singulier, *madame*, comme...

De même que du parfait rapport entre le caractère des ajustements et le caractère de la personne naît l'élégance, le charme de la conversation ne résulte que de l'appropriation des mots et des idées avec l'âge.

Il y a un ton, des manières, des idées qui conviennent à la jeunesse. Si les bracelets, les plumes, les rubans roses et vert-pomme jurent avec les physionomies flétries, les ornements du langage, les rechercheries de mots, les inflexions affectées de la voix, jurent également avec certains âges.

Beaucoup rappellent, dans leurs conversations, ces coiffures qui étaient à la mode il n'y a pas longtemps : « Les femmes mettaient sur la tête toutes sortes de choses, tout ce qu'elles trouvaient, quelquefois tout ce qu'elles possédaient ; des chiffons, des dentelles, des tapons, du velours, des hérons, des plumeaux, des flèches, des broches, des poignards, des fourchettes anglaises, des couteaux de dessert, » etc.

Le plus dangereux ridicule des vieilles personnes qui ont été aimables, dit un moraliste, c'est d'oublier qu'elles ne le sont plus !

A ce sujet, j'observerai qu'on n'imagine pas combien il faut d'esprit pour n'être jamais ridicule !

Passé trente ans, les femmes doivent se garder d'adopter de ces formes de langage qu'on prend pour amuser les enfants.

Passé quarante, les hommes ne doivent point parler eux-mêmes de leurs succès. Il n'y a pas d'art qui puisse faire admettre cet anachronisme. Les femmes ne doivent se servir de mots techniques qu'avec sobriété. Une jeune fille, jamais. Sous aucun prétexte elle ne saurait parler d'épigastre, de diaphragme, de tangente, de cotylédon et de cryptogame.

Il y a d'ailleurs des mots techniques qui impliquent, quand on s'en sert, la connaissance d'un métier. Il faut avoir grand soin de les éviter.

Les mots usités dans les ateliers, dans les coulisses, les mots d'argot, sont ignobles; ils détruisent la bonne tenue du langage; ils font dans la conversation l'effet d'une taie sur l'œil!

La conversation élégante n'exige rigoureusement l'emploi des mots techniques que ceux qui ont trait à la *guerre*, au *turf* et à la *chasse*. La chasse surtout.

Quand on se pique de bien parler, on ne saurait impunément dire le *poil* d'un cerf pour son pelage; les cornes et la tête pour le bois et le massacre. On n'envoie jamais un loup à la *pâture*, mais au *carnage*. Un renard ne se prend pas au piége, mais dans un traquenard. La peau, le nez, les oreilles, la queue, la tête et les pieds du sanglier se traduisent par les *parois*, le *boutoir*, les *écoutes*, la *vrille*, la *hure* et les *traces!*

Il faut conter avec sobriété.

Autant une narration originale, mais contenue dans des limites restreintes, est récréative, autant la narration épique de l'entrée à Moscou, par exemple, d'un récit aux vastes proportions, l'est peu. Dans ce dernier cas, elle trahit la prétention, et rien n'est plus lourd que la prétention. C'est celui des défauts de notre caractère qui trouve le moins d'indulgence, et celui qui réagit le plus violemment sur nous-même.

Nous pardonnons volontiers, dit la Rochefoucauld,

à ceux qui nous ennuient, mais jamais à ceux que nous ennuyons. J'ajouterai surtout s'ils le montrent.

Ne pas avoir de prétention, c'est avoir une véritable supériorité.

Pour peu qu'on analyse l'esprit de conversation dans le *trait*, on reconnaîtra que son principal agent, c'est l'antithèse.

Il y a des hommes fort en renom à Paris, qui n'ont jamais fait un *mot* sans devoir son effet à l'orientation antithétique de la pensée.

Pour arriver au *trait* artificiellement, il n'y aurait donc qu'à exercer son intelligence à ce travail du rapprochement des contrastes.

Celui qui a dit que Duprez prononçait si bien en chantant, qu'on s'apercevait qu'il prononçait mal, a fait une observation charmante et fort spirituelle. C'est une antithèse!

L'esprit de conversation a quelques lois fixes, ou sa *stratégie*, si l'on aime mieux.

Ainsi,

Vous ne raconterez jamais aux vieilles gens!

C'est la plaisanterie qui doit faire justice en général des attaques qu'on essuie; mais c'est une arme dont il ne faut se servir qu'autant qu'on peut le faire avec habileté. Des escarmouches, pas de charge à fond.

Il faut se laisser apprendre beaucoup de choses qu'on sait par des gens qui les ignorent.

Il faut parler comme on pense; mais il faut penser comme on sent.

On a toujours plus d'agrément quand on s'abandonne en causant sans faire aucun calcul de vanité ou d'amour-propre. Les grands mots, les amplifications, les développements, doivent être évités avec soin, si l'on veut produire quelque impression.

L'exagération, c'est la misère.

La vérité a des mesures que les gens de goût et de bonne compagnie connaissent instinctivement. Il n'y a que le faux et le factice qui se jettent dans l'infini.

Tâchez d'être brillant, mais sans être tourmenté; gracieux, sans être affecté; passionné, sans être convulsif. N'ayez jamais l'air, selon le mot de Dugazon, de chercher des truffes là où il n'y a que des pommes de terre.

La conversation se symbolise parfaitement sous la figure d'une jeune femme pleine d'imagination et de cœur, d'esprit naturel, de physionomie, de grâce, vive, mobile, impressionnable, avenante. Elle plaît de quelque manière qu'elle se montre, soit modeste et réservée, enveloppée des plis épais d'une chaste robe, soit sous la gaze diaphane du bal, les bras et les épaules nues.

Le rire a sa source dans un sentiment de notre supériorité, qui est plus ou moins explicitement éveillé en nous par celui qui nous parle. Cette philosophie du rire peut servir de levier et de boussole dans la conversation. Anatomisez le rire, et vous verrez que c'est la bêtise ou l'infirmité d'autrui qui le procure à notre vanité.

Il ne faut jamais insister avec vivacité sur des opinions indifférentes. Le principal intérêt doit être de plaire à qui l'on parle, et non de lui montrer qu'il a tort.

Il faut se prémunir contre les mots usés. Ainsi aujourd'hui, on ne peut plus dire *un lion, une lionne*, pour parler d'une individualité excentrique ou extra-remarquable! Il y a des mots nouveaux qu'il faut éviter avec plus de soin encore : *binette* est de ce nombre.

Un compliment bien senti et jeté dans un bon moule est un des plus savoureux condiments de la conversation entre gens qui s'aiment et s'estiment. Le compliment n'est pas flatterie ! — L'abus du compliment est une faute, mais son usage modéré et intelligent est d'un ton parfait. Ne complimenter jamais, c'est ne pas apprécier ceux avec qui l'on se trouve; c'est d'ailleurs montrer une trop grande préoccupation de soi-même. C'est souvent céder à l'envie. Ne pas complimenter parfois les autres, c'est se complimenter toujours soi-même. Il n'y a que les gens très-infatués de leur valeur ou ceux qui n'ôtent jamais leurs chapeaux aux autres qui ne complimentent pas à propos.

La moquerie est un plaisir d'emprunt, plein de danger, et qu'il nous faut restituer : le capital avec intérêts.

Il importe de ne pas se préoccuper jusqu'à l'inquiétude de la direction que prendra la conversation et de ses hasards. Le sort des conversations est entre les mains de Dieu ! On ne les conduit pas, on les sème !

Dans un salon où l'on sait causer, chacun doit se trouver comme sur un terrain neutre.

Si la conversation tombe, si elle se meurt, ne vous battez pas les flancs pour l'aviver... Prenez votre temps, procédez doucement, sans tapage. Surtout n'appelez pas à votre aide l'empirisme des mensonges, des fausses nouvelles. Vos efforts sauteraient aux yeux et votre impuissance souvent ferait peine.

« Il est un besoin plus ruineux que le luxe le plus insatiable, dit une femme d'esprit, c'est la nécessité fatigante de toujours soutenir la conversation. Une conversation qui languit est un déshonneur pour une maîtresse de maison. Il faut qu'elle la réveille à tout prix. Dans un si grand péril, tout lui est permis, tout lui devient secours; elle ira jusqu'à se compromettre; elle racontera ses souvenirs les plus intimes; elle trahira son secret; elle dira ce qu'elle pense... plutôt que de laisser tomber la conversation. Si elle a le malheur de n'avoir pas un secret à elle, elle vous questionnera pour avoir le vôtre. »

Ces préceptes posent les principaux jalons de la théorie de la conversation.

Un écrivain anglais disait : « Lorsqu'un sot ou un valet veut passer pour un *gentleman*, il doit se vêtir d'un bel habit et se taire ! »

Cela indique une règle dont l'application sera toujours très-utile à ceux qui ne possèdent ni le talent naturel de la conversation, ni celui qu'on peut acquérir artificiellement par l'étude, c'est-à-dire que le silence fait souvent mieux nos affaires que les paroles risquées.

On ne juge jamais un homme sur ce qu'il n'a pas dit et on le juge souvent favorablement parce qu'il ne dit rien.

Ainsi la théorie du silence complète la théorie de la conversation.

CHAPITRE IX

DU SAVOIR-VIVRE

De l'homme comme il faut, sa définition. — Différence entre l'homme de bonne compagnie et l'homme de fortune, ou l'homme de blason. — En quoi consiste le savoir-vivre. — Les origines d'hier se trahissent par des manquements au savoir-vivre, qui est le complément de l'éducation. — De la philosophie du savoir-vivre. — Du sentiment du respect découlent la plupart des mérites qui distinguent l'homme bien élevé. — Des consignes imposées par le monde. — Leur raison d'être. — De l'individualisme de notre temps. — Guide de la civilité puérile et honnête. — Des avantages du savoir-vivre dans les relations sociales. — L'élégance, la conversation et le savoir-vivre, sont les trois vertus théologales de l'homme du monde. — Conclusion, etc.

Un homme auquel Jacques Ier d'Angleterre devait d'éminents services, enhardi par les remercîments de Sa Majesté à lui demander une faveur, lui dit :
« *Sire, faites de moi un homme comme il faut.*
— Je ferai de vous un homme riche, si vous le désirez, je vous donnerai des titres de noblesse, vous serez baron, chevalier ou vicomte, à votre gré; mais il ne dépend pas du roi de faire de vous un homme comme il faut. »

Cette réponse du roi Jacques est d'un grand sens.

L'enseignement qu'elle porte, le voici : N'est pas homme comme il faut qui veut.

On peut être homme de fortune, homme de talent, et n'être pas homme de bonne compagnie.

La fortune, dans beaucoup de cas, n'est qu'un accident.

La capacité, une puissance abstraite de combiner des idées.

Ni l'une ni l'autre n'implique le savoir-vivre.

Le savoir-vivre ne s'étudie pas dans les livres de collége, il ne s'apprend pas obligatoirement dans la pratique des diverses professions de la vie, qui mènent soit à la richesse, soit à l'illustration par la science. S'instruire, s'enrichir, c'est obéir souvent à une impulsion toute personnelle, et le savoir-vivre a pour condition essentielle *l'oubli de soi*. C'est le privilége de ceux dont l'éducation a été surveillée, suivie, contrôlée et faite par l'exemple, ou qui, sans cela, ont vécu dans des sphères sociales au-dessus des misères de la vie et des existences exclusivement professionnelles.

Connaître le ton et les formes qu'il convient d'adopter dans nos rapports, savoir se présenter, parler et se taire à propos ; posséder les règles, les coutumes et les traditions sur lesquelles se fondent les relations dans la bonne compagnie : voilà le savoir-vivre.

Cette science pratique se divise et se subdivise en une foule de notions, les unes importantes, sérieuses, les autres en apparence frivoles et petites.

Cependant tout dans ce savoir du monde se lie, s'enchaîne, s'enchevêtre de telle sorte, qu'aucune de ces notions n'est indifférente et ne saurait être négligée.

Les origines d'hier se trahissent même plus souvent par des oublis, des nuances fugitives du langage ou de la tenue, que par de gros manquements aux choses essentielles.

L'usage de ces riens demande un apprentissage de longue main. On doit être identifié avec eux pour les posséder.

Quand on veut savoir de quel côté souffle le vent, dit un poëte anglais, c'est une plume qu'on jette en l'air.

Que de fois les gens du monde, en présence d'un parvenu, ont su à quoi s'en tenir sur sa valeur, à la vue d'un de ces duvets voltigeant en sens inverse !

Les gens du monde, nous devons le répéter ici, s'aiment et volent ensemble comme les oiseaux, pourvu qu'ils soient du même plumage, et ils ont pour se reconnaître une intuition merveilleuse.

Ainsi, au point de vue de l'éducation, c'est un complément indispensable que le savoir-vivre. Il est fécond en bons résultats.

Il aplanit la moitié des difficultés qui peuvent se présenter dans la solution des affaires délicates ; il n'est pas seulement profitable à l'homme haut placé dans la société, il l'est peut-être davantage encore pour celui qui, privé des avantages d'un nom, d'une fortune patrimoniale, n'attend ses succès dans la vie que de lui-même.

Pour la jeune femme, c'est le rayon solaire sous lequel brillent toutes les grâces et les couleurs de sa corole.

Cette science, comme toute chose traditionnelle, a sa philosophie ou une raison d'être qu'il est facile de comprendre.

Nous allons l'indiquer :

La bonne compagnie est un port, un Eldorado où l'on vient jeter l'ancre pour se reposer, pour jouir en paix, pour recueillir le fruit d'un passé honorable. Elle se compose d'existences *arrivées au but*, c'est-à-dire qui en ont fini avec les agitations de la vie d'argent. Là les conditions de vivre par le travail et l'ambition se modifient nécessairement. Le climat de cette zone si désirée est doux, tempéré. On y veut une sérénité complète, une harmonie perpétuelle. De là, le savoir-vivre, qui est le code régulateur, la charte où se trouvent écrits les devoirs de tous. Ses règles et ses lois sont comme des remparts derrière lesquels le monde s'endort avec confiance. Par elles la bonne compagnie se protége, se ménage, ne se heurte jamais, vit et se perpétue.

Posséder ces règles, c'est posséder le mot d'ordre à l'aide duquel on circule librement sur les grandes routes du monde, c'est tenir un diplôme justifiant des garanties posées par le programme; c'est, en un mot, avoir fait ses preuves.

La plus importante parmi ces garanties est le sentiment du respect.

De ce sentiment dérivent la plupart des mérites qui distinguent l'homme bien élevé. Le respect, c'est la douceur de l'ordre. Dans la famille, c'est la plus vitale des conditions du bonheur. Par le respect, ces gens du monde s'assurent de la paisible jouissance et des avantages de la fortune, du rang et de la considération acquise par d'honorables travaux, par les talents, par les vertus! Sans respect, tout est mis sans cesse en question. Dans la bonne compagnie, on a peur des esprits turbulents, inquiets, jaloux, envieux, de ceux-là surtout pour qui c'est un besoin que de contester la validité des positions. On peut les admettre comme des comètes excentriques, on ne les classe pas!

Le savoir-vivre interdit à ce sujet toute enquête, tout conteste *à priori*. Il veut au contraire *à priori* qu'un titre soit chose honorable et respecté, d'où qu'il vienne; qu'il en soit de même de la fortune ou des renommées consenties de talents et de vertus. On ne cherche jamais à ôter même un masque.

En cela la société est parfaitement logique. Tout ce qui tourne à son profit, qui peut la servir, qui l'améliore ou l'illustre, a droit à ses regards. Son égoïsme intelligent veut cette consigne, de même qu'il lui inspire de l'éloignement et du mépris pour ce qui lui porte préjudice.

Le développement du sentiment du respect chez l'homme est une tâche souvent difficile, surtout avec les natures nées communes et basses. La vanité, la fausse grandeur, l'estime aveugle de soi, sont autant d'adversaires redoutables qu'il faut combattre et qu'on ne peut plus vaincre, si l'âge les a laissés grandir et se fortifier. Tout esprit d'élite comprend le respect parce que ces esprits s'élèvent aisément à la hauteur des grandes choses. Ils accordent volontiers le tribut dont ils sentent bien qu'eux-mêmes seront dignes un jour.

Le respect est un sentiment générique, qui donne naissance à une foule d'autres, ou plutôt qui se traduit dans nos actions et notre langage par des formes très-variées. La bienséance, la politesse, la discrétion, la bienveillance, l'abnégation même en certaines circonstances, c'est le respect dans ses applications différentes. Ces qualités se révèlent en nous par l'appropriation de notre conduite aux faits extérieurs, par l'ensemble ou les détails de notre tenue. Elles se retrouvent dans une phrase, dans un mot, un son de voix, un geste, dans un accident fugitif de notre toilette, partout.

Nous ajouterons que former le cœur, c'est faire faire de grands pas vers la science du savoir-vivre. En effet, le respect s'applique en bas aussi bien qu'au-dessus de nous, alors respecter le malheur, respecter les infirmités, la vieillesse, la pauvreté, c'est la bonté, la compatissance, la pitié, la charité dans leur élan, pour arriver à une réalisation pratique de ce sentiment.

Tels sont les éléments dont se compose l'essence même du savoir-vivre. Nous nous sommes abstenu de pénétrer sur le terrain de la pratique, parce que la pratique de cette partie de l'art charmant du monde ne s'enseigne pas. Elle est en quelque sorte la chylification des principes dont nous sommes pénétrés, de leur assimilation avec notre organisme. Il suffit de les lire et de se bien imboire des théories que nous venons d'exposer pour posséder les principales notions indispensables à l'homme et à la femme comme il faut dans leurs relations sociales. Il est certain que l'application de ces principes dépend uniquement de la souplesse de l'esprit et du corps, de la chaleur plus ou moins vive de notre foi dans ces principes mêmes, et du peu d'opposition surtout que nous offrent les défauts de notre caractère et de notre tempérament.

Ainsi on ne saurait enseigner le *silence* à un homme, s'il est né bavard, prétentieux, sot, vif et pétulant. L'indiscrétion, l'incontinence de sa parole est toujours alors le produit du jeu de son organisation, et lui seul peut se corriger, armé du sentiment que lui indique l'opportunité du silence.

Le savoir-vivre, d'ailleurs, aujourd'hui n'a plus rigoureusement à se montrer, comme autrefois, dans une foule de petits détails matériels et puérils. L'individualisme de notre temps a beaucoup gagné en affranchissement. Il importe très-peu, en effet, ainsi que veut l'abbé Delille, à table, *de briser* dans son assiette la coquille de l'œuf que l'on vient de manger. Nous pensons même que celui qui se conformerait à ce précepte se rendrait infailliblement absurde ou ridicule, passerait, qui plus est, pour manquer de savoir-vivre, et cela, ajouterons-nous, parce que cette action de briser une coquille n'a pas de raison d'être, d'abord, et qu'ensuite cela est déplaisant et malpropre à voir. Mais qui donc, après s'être bien pénétré de nos théories, ne s'abstiendrait pas, d'accord avec les prescriptions du vieux code de la civilité, de verser dans sa soucoupe le café ou le thé que contiendrait sa tasse ? Cette action en effet, n'implique-t-elle pas un trop grand empressement à boire, et cet empressement ne témoigne-t-il pas d'une trop grande préoccupation de soi ? Puis, dans l'action de verser un liquide, comme on court le risque d'en répandre, de tacher les tapis, les meubles ou le parquet, il est évident que la conscience du respect qu'on doit à ses hôtes en repousse l'accomplissement.

Le même sentiment vous servira de moniteur dans l'art du maintien; il vous dira, par exemple, que vous ne pouvez demeurer assis quand la personne à qui vous parlez se lève ou reste debout devant vous; il vous défendra d'interrompre votre interlocuteur au profit d'un intérêt qui vous touche; il vous guidera en un mot comme une boussole dans l'appréciation des plus petites circonstances où le savoir-vivre doit intervenir, ce sera votre arbitre intérieur qui décidera promptement et sans appel du mouvement que vous devez faire, du mot que vous devez dire.

Entreprendre d'indiquer ici toutes ces circonstances, ce serait changer le niveau de cet essai, qui est moins un livre élémentaire, une civilité puérile et honnête à l'usage et à la portée des infimes, qu'un traité complémentaire da la science du monde.

Cette science, dont les principaux éléments appartiennent aux instincts de l'élégance, au charme et à la facilité de la conversation, à l'abnégation du savoir-vivre, est d'une importance réelle, plus considérable que beaucoup d'esprits graves seraient peut-être tentés de le supposer. C'est par elle que s'expliquent bien des succès. Elle produit l'indéfinissable, le mystérieux secret de la séduction et des influences, pouvoir très-souvent indépendant du rang et de la fortune.

Elle crée enfin une sorte de chaleur intellectuelle, irrésistible, à l'aide de laquelle les projets mûrissent, les espérances se réalisent, les obstacles s'aplanissent. Ceux qui se sont fait une habitude de l'élégance, dont le savoir-vivre est éprouvé, la conversation facile et captivante, ceux-là ne vieillissent pas. Ils sont partout accueillis, ils plaisent, on les recherche; on se sent en sécurité dans leur compagnie, on ne redoute de leur part aucune blessure aux susceptibilités, aucun oubli, aucune infraction aux plus légères de ces convenances qui sont comme le ciment et le lien social; chose étonnante, ils pourront même au besoin se passer de fortune dans ce siècle tout métallique, où la généralité n'est acceptée que *pour son pesant d'or*. Ils ne se verront pas, comme le parvenu d'hier, qui n'a su amasser que des millions, délaissé de tous, vivant dans l'isolement ou l'indifférence du monde, dès que le monde n'a point un appel à faire à ses capitaux ou des dîmes à prélever sur ses fêtes, ses galas ou ses profusions.

Et ainsi l'on peut dire, et nous nous résumons par cette vérité, que non-seulement l'élégance, la conversation et le savoir-vivre sont les trois vertus théologales des gens du monde, mais que pour tous moralement elles sont une source de vive et d'éternelle jeunesse.

TABLE

Chapitre I. — De l'élégance. 1
— II. — De l'élégance relative. 9
— III. — De l'élégance absolue. 17
— IV. — Quelques divisions dans l'élégance. 25
— V. — Des qualités physiques 35
— VI. — Du costume. 47
— VII. — Aphorismes et théorèmes. 85
— VIII. — De la conversation. 85
— IX. — Du savoir-vivre. 109

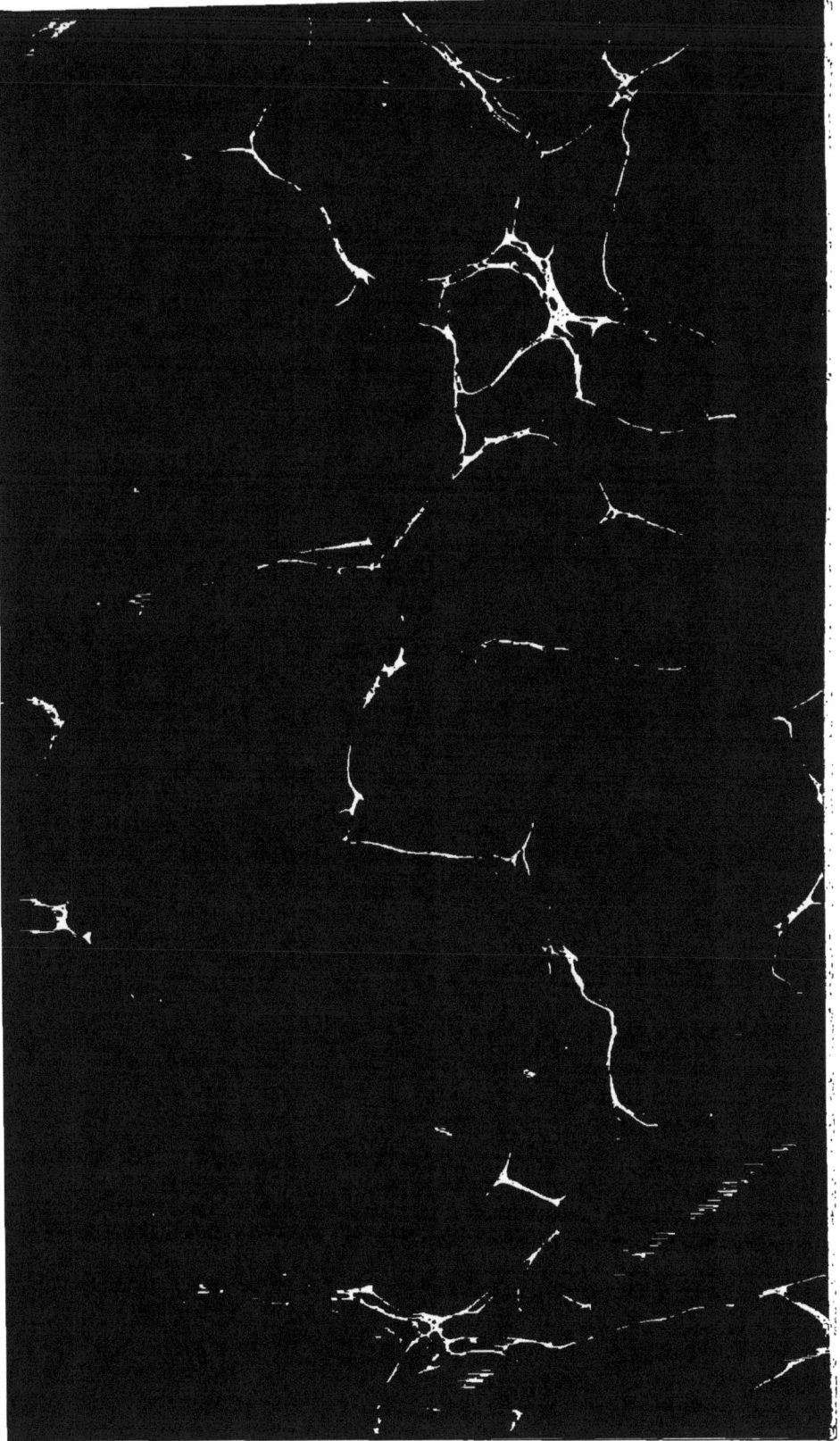

www.ingramcontent.com/pod-product-compliance
Lightning Source LLC
Chambersburg PA
CBHW060151100426
42744CB00007B/989